青少年的情緒風暴

孩子，你的情緒我讀懂了

莫茲婷——著

信心的愛，能穿越風暴

「也許愛是一門難學的功課，權力就輕易地取而代之。」這句話是出自我敬愛的亨利·盧雲（Henri J.M. Nouwen）神父其中一本著作中，我亦十分贊同，尤其發生於關係密不可分的親子關係中。

在資訊爆炸、社會變遷速度之快的廿一世紀，大人和孩子的心境都不免受到牽動；父母在職場上打拚外，在養育孩子的事上比起上一代父母更費心、更費力，已經可說是天底下無輕鬆的父母了！例如：光是一個手機使用問題，已經讓多少的父母束手無策啊！當一個個教養的難題把父母給纏住時，起初的愛會被內心的焦慮所驅動，以致於陷在「外控」的權力迷失中。美國心理學家威廉·葛拉瑟（William Glasser）對此提出的七種外控方式：批評、責備、抱怨、嘮叨、威脅、懲罰及獎賞，而結果往往使親子關係愈加疏離對立！

事實上，父母面對青少年孩子各樣的情緒風暴時，原本也不願意以權力取代愛！然而，在不知該如何是好的當下，心中充滿著不確定感與疑慮：我可以怎麼做呢？愛的方式有效嗎？會寵壞孩子嗎？在這樣的情況下，父母或許會期待有根魔法棒，讓眼前令人揪心的問題，用魔法棒大力一甩，問題就消失了！這是我二十多年與父母及青少年工作中，體會到父母最急迫又無助的心境。然而，我也看見許多父母在徬徨無助的當下，反而因著對孩子的愛激發起一種生命力，不斷地透過學習以尋求出路……。

本書是我與青少年及父母工作的故事，是獻給上述那些渴望尋找一條出路的父母。我想帶給讀者一個重要的訊息：無論孩子陷入何種困境，承諾以堅定的信心眼光來看待自己和孩子。所謂的信心就是：相信總是有一條出路，是有希望的（There is a way out！）。因著這微小的信心，愛會被呵護、滋養與淬鍊，以至於不會輕易被權力所取代。

當大人們決定帶著信心穿越風暴時，必定會接觸到內心的自己：無助、焦慮、害怕、悲傷、難過……但是有如雨過天青般，走過流淚撒種的歷程，最終獲得歡呼收割的喜悅。因此，本書也想帶給父母親這樣的禮物：除了對青少年孩子多了一份理解外，在細細咀嚼每一個故事的同時，也邀請父母們從中走向自己的內心，在這空間中駐足，反思、學習傾聽自己內在的聲音、情緒或感受，更多的來認識真正的自己。

當對自我和孩子有了深切的了解與認識之後，本書每一篇的「親子的暖心練習」，更可以協助新手左右開弓，經耐心練習後，熟能生巧就成為老手喔！

最後，有一句話很重要：小事情，不要急，有方法！因為愛是恆久忍耐又有恩慈的。

書中的故事為顧及保密原則，文中所有提及或可推論之人事地均已徹底改編過。就請大家來細嚼慢嚥每一篇故事，用故事進入自己及孩子的心吧！

目錄

CONTENTS 目錄

CHAPTER 02 了解孩子的追尋

CHAPTER 03 原生家庭該怎麼陪伴

CHAPTER 04 朋友對孩子來說很重要

CHAPTER 05 特殊氣質孩子的優勢觀點

CHAPTER 01

讀懂孩子的情緒

隨著孩子漸漸長大，總覺得愈來愈陌生。

其實，總是憤怒的孩子，很有可能正在求救……

畏縮的孩子，可能心裡的糾結需要梳理……

當孩子已經長大，爸爸媽媽也該開始學習，

如何了解孩子情緒背後，真正想說的話。

在道歉裡發現「愛」！

如何協助孩子轉化心中忿忿不平的情緒

很多時候對大人而言，可能道歉或原諒、寬恕等行為是一件小事，但對孩子來說卻是充滿惡意的「不公平」或「委屈」，累積久了，可能又會引爆下一個戰火。所以該如何協助孩子轉化掉心中的怨恨或不公平的情緒及心態呢？

智傑是國中八年級的孩子。從小追求「公平」，各樣的事必放在「公平」的天秤上來檢視一番，而且會基於公平理由而有所行動，例如：被拍打一下，必定要打回來；長久以來，師長對智傑的印象是：不想吃虧、得理不饒人。

這一次發生的事件，智傑認為極不公平，在心中存著一口忿忿不平的氣，無論怎樣都消除不了……。

「真是奇怪，為什麼是我要跟他道歉？他也有錯啊！卻一句對不起也沒有，超不公平的！」智傑的心中此時充滿了一股悶氣。

開口向他人說道歉，自己的內心會感到委屈、不公平嗎？會難掩生氣嗎？道歉就是弱者的表現嗎？以上對智傑來說，答案都是「是的」。

◆◆◆ 道歉，到底息了誰的戰火？

道歉的對象是智傑同學的媽媽——王媽媽，被要求道歉的起因是：智傑一時興起地在同學便當裡灑了橡皮擦屑，結果便當就報廢不能吃。老師知曉後，指示智傑將便當分給同學作補救，而同學之間因著平日的友情，也就打哈哈地結束了這場鬧劇。然而，當王媽媽獲知此事時卻是暴跳如雷，直接找老師興師問罪。萬分焦慮的王媽媽除了要求不能再有下一次外，也希望能親口對智傑表達其憂心與想法。

當老師引領智傑去和王媽媽見面之前，老師私下對智傑說：「我知道這件事的發生你不是故意的，只是王媽媽很介意，她一方面擔心：萬一便當真的被吃下去了會怎麼樣？二來這是她為孩子準備的愛心便當，這樣除了浪費食物，又枉費了她的一番苦心。所以，你可以就這件事向王媽媽道歉嗎？」老師這一番話的用意是讓智傑能理解王媽媽今天來見他的立場，也能事先做好心理準備。

當智傑見到王媽媽時，王媽媽重複一遍剛才說的話，智傑安靜聽了約七、八分鐘，當王媽媽說完後，老師問智傑：「你想對王媽媽說什麼嗎？」

智傑點點頭，低頭對王媽媽說：「王媽媽，對不起，我下次不會再這樣做了。」

這件事隨著道歉落幕了，然而，在智傑的心中卻醞釀著另一個戰場……。

王同學一如往常地和智傑互動、玩笑、嬉鬧，但智傑對他所做的一切則感到不悅，且挑剔、斤斤計較。

◆◆◆跟孩子重新尋找道歉的意義

當我面對臭臉、滿肚子悶氣的智傑時，我想他需要的是：重新在這件事中找到不一樣的意義來轉化心中的怒氣。

我問他：「當你聽王媽媽說完她想對你說的話，並且你也跟她道歉了。這整個情況，你感覺像是什麼？」

智傑眼神眨了一下，立即回應我：「很像在動物園裡，我把一塊肉丟給一頭老虎，正好塞住她的嘴，她就不再嘶吼了！」

智傑如此生動的形容，令我不禁大笑了起來，說：「你的形容太有趣，而且還蠻貼切的！」

我深呼吸了幾下，緩和一下情緒：「王媽媽被你形容得像隻老虎，是因為你感受到什麼？」

「她十分地煩躁不安，可能是她餓了，或是她受傷了。」智傑是心思細膩的孩子，他的確感受到王媽媽心中的憂慮，所以才會這麼說。

「了解你說的，讓我想一想，當你的眼前——出現一隻煩躁不安的老虎時，你對他——丟了一塊肉，所以——你是？」我把說話放慢，和我的思緒同步。

智傑接著說：「動物管理員啊，要不然咧！」

「說得好！你是動物管理員，沒錯！」我再次肯定智傑說的。

此時我發現智傑的神情明顯變得不一樣，他臉部有微笑且放鬆，悶氣一掃而空，所以我想把智傑此時此刻的體會再重新框架，讓他對道歉一事有不一樣的想法、賦予不同的意義。

「智傑，你原來覺得道歉很委屈，而且覺得被降格了，對吧？這件事經過你剛剛的形容，重新體會、重新想一遍，你有新的，且不一樣的想法嗎？」

「嗯～我若是動物管理員，我的位階自然比老虎高。」智傑很平靜的說出他的結論。

「是啊，你不只是位階比老虎高，你還富有同理心呢！」

◆◆◆◆ 把道歉怒火化為憐憫的同理心

談話到這裡，智傑不僅對自己所做的事有了一份肯定，並且也增加了對自我的認同：我是一位有能力的人，不是弱者，是有同理心的人，會憐憫弱者。

於是，我想來個乘勝追擊：「智傑，當你形容你的道歉就像是給受傷或飢餓的老虎一塊肉時，你會感到惋惜失去或損失一塊肉嗎？」

「不會啊！因為——這是動物園必備的材料，本來就是要給動物吃的。」智傑用一般邏輯來分析此情況。

「所以，這塊肉不是你的財產，本來也就預備要給動物吃的，所以正好你就丟了這塊肉，就像是給了老虎一份禮物？」

「嗯～我沒有想過要給她禮物，但或許她收到的時候，感覺那是一份禮物吧！因為她看起來很滿意啊。」

「照你的想法，平常你就儲存了很多禮物，像是那些肉，在必要的時候，會主動送出去，即便是被動式的被搶走，也正好是要給出去的東西，對嗎？」

「好像是如此，但我從來沒感覺有禮物在我身上儲存著？」

「當然！當然！你不會一直感覺有禮物在你身上，但你一直擁有它，而你也不會視這些禮物是你個人的，你願意分享出去。」

「老師，擁有這份禮物，又可以給出去，這種感覺還蠻好的。」

「你可以為這禮物命名啊！」

「嗯～～那就叫『愛』囉！」

我伸出手，隨即和智傑擊掌——「Give me five！」

「智傑，恭喜你啊！你擁有好多愛喔！」

此時的智傑散發出無比的幸福感啊！在道歉中竟然發現了：「愛！」

心理師的暖心話

◆◆◆◆ 陪伴孩子學習饒恕的能力

當父母遇到孩子有「過不去」的情緒時，往往希望孩子早日放下怨氣；然而，原諒或饒恕其實是件不容易的功課，對大人而言，亦是如此。

以下提出兩個原則來陪伴孩子鍛鍊出饒恕他人的強大能量。

事實上，當孩子因被傷害而難過、生氣時，千萬不要站在孩子的對立面，說：「那沒什麼啦」、「你也要反省自己的錯才是」、「人家已經跟你道歉了，你還這麼小氣」這樣的方式會令心懷不平的情緒找不到出口、累積更多負面情緒，也失去讓孩子學會如何面對它的機會。

◆◆◆原則1／情緒被接住，理性才進來

因此，當孩子有過不去的情緒時，傾聽他的情緒、想法，並不多加批評是首要，可以問的方式如：「你對這件事的感受如何？」、「是什麼原因讓你對這件事感到如此生氣？」、「如果我是你，遇到了這樣的事，也會覺得很生氣。」

透過傾聽和同理，最重要的是能讓「過不去」的情緒被接住，接著理性思考才能進來，孩子同時也能視父母為「同國人」，更能和父母討論這傷害的由來，以及可以逐步的釐清這傷害是怎麼造成的，包含：傷害者一方的原由是什麼？例如以上的故事中，智傑發現了王媽媽因對孩子安危感到憂慮而怒氣沖天；或是在其他狀況下，也可能透過釐清，發覺對方不是故意的，而是自己過度敏感等等原由。能心平氣和的了解傷害，其實就如孔子所說：「以直報怨」，乃用符合事實的正確態度來對待怨恨啊！

倘若人一直留在傷害中，這對心理健康是有絕對的影響。所以，在了解傷害之後，要離開傷害，當事人須先擁有足夠的能量，而不是強壓式對當事人道德規勸，

例如不斷的重複說：「你不要用別人的錯來懲罰自己」，這樣的規勸恐怕只會讓當事人感到無力及厭煩，因為他必須先讓自己心中強大起來，才能離開傷害。這對當事人來說，難度比較高。

◆◆◆ 原則2／引導看見所擁有的，與傷害保持距離

當孩子將焦點僅僅放在自己所受的傷或所失去的，例如失去尊嚴、不公平等等，內心的痛苦就會更加倍；因此，導向孩子把焦點移轉到失去以外的事物，或所擁有的豐富，則能重獲能量來面對傷痛。舉個我常說給孩子聽的比喻：「你想像有一天手中的心愛洋娃娃被某個人搶走了，他不還給你，也消失無蹤，你怎麼要都要不回來，你很難過，此時你想起在家中有一個房間，裡面全都是你心愛的洋娃娃，而且有不同的樣式，此時，你會有什麼心情呢？」孩子聽了之後都會咧嘴而笑。以此例子可以連結延伸到孩子所經歷的事件，重點是要喚起孩子內心中所感受到的擁有，就如智傑，當他從「動物管理員」來思考他的定位時，感受到的不是被欺壓，而是擁有高人一等的角色，以及這角色所擁有的資產！

當內心有傷痛時，不要讓傷痛來引領我們；我們需要的是光，用光來照亮我們的路！

【親子的暖心練習】

只要是人都會有七情六慾，孩子也是。憤怒的情緒，對孩子來說不只是一種情緒表達，也是一個需要學習應對的重要課題，以下是當孩子在憤怒情緒中時，爸爸媽媽可以做的：

◎ 接受孩子的情緒，讓情緒有出口

先不要急著阻止或壓住孩子的憤怒，先讓孩子知道他的情緒被接住了，再引導孩子說出生氣的原因、生氣的關鍵等等，接下來才有辦法讓孩子理性思考。

◎ 引導孩子看見所擁有的，以重獲能量

除了因為受傷或失去而引起的憤怒情緒外，可提醒孩子還擁有許多其他美好的事物，以便讓孩子更有自信與能力面對傷痛。

媽媽咪呀！我怕鬼呀！

正視孩子恐懼心理才能陪伴克服

當孩子出現怕鬼或對某事恐懼的狀況時，父母通常是如何應對的呢？傳統教育的說服、責備或是嘲笑，只是把孩子更推向害怕的深淵，唯有陪伴孩子克服怕鬼或恐懼的心理，才能學習到更多超越害怕的能力！

小彩從小是大人心中聽話的孩子，很少讓大人操心。就在剛步入國中沒多久，怕鬼的問題一直困擾著她……。

「燈一定要開著，不然我會睡不著！」

「媽，你一定要陪我睡，我怕半夜醒來會看到鬼！」

「鬼是不是躲在牆壁內？」

小彩對鬼的恐懼感超過了一般的狀態，影響所及的是她的睡眠不足，以及干擾到了平日的生活作息，也使她的精神常處於恍惚、心神不寧的狀態。儘管家人很努力的想幫助她克服心中的害怕，然而這樣的困擾仍然持續著，媽媽於是想到是否能藉由心理諮商來解決小彩的不安。

陪伴小彩第一次來見我時，媽媽首先很無助的對我說：「我告訴她這世上沒有鬼，是她多想的，但她還是很害怕……。最後拗不過她，連收驚我都帶她去了，情況仍然沒改善，甚至好像是愈來愈怕！」

原來，媽媽使用的是說服的方式，企圖說服小彩：「世界上沒有鬼」。效果是：有短暫的時間使小彩獲得安撫，但過不久怕鬼的恐懼又再度席捲而來。於是在媽媽與小彩之間，形成了有鬼無鬼的對立立場。小彩甚至急得流出淚來，哭著說：「你都不相信我，我真的很害怕！」最後媽媽無計可施之下，也求助了民俗療法，然而怕鬼的情況仍未有改善。

◆◆◆◆ 找對話題轉移孩子的恐懼

與媽媽一同在諮商室裡的小彩，此時依偎在媽媽身邊，神情看起來有些疲憊。

我問她：「小彩，你看起來好像好累，是因為睡眠不足嗎？」

小彩聲音微弱的回答：「我晚上睡不好、睡不著，我會害怕！」

「嗯～帶著害怕睡覺，自然會睡不好，沒睡好就會累，這樣的感受真的不好受！」我同理小彩被害怕影響的困擾，接著我坐在椅子上挺起胸，清了一下喉嚨，看著小彩用強調的語氣說：「你對鬼的害怕，我懂！要處理鬼這一件事，你找對人了喔！」

這時小彩抬起頭來，看向我，表情是驚訝，也看得出來她十分好奇我要說什麼。

「我不是抓鬼大隊的，但鬼如何影響人、人如何不受其影響或干擾，這一方面，我可是略有研究的。」我鏗鏘有力的說完這一段話後，小彩原來緊繃的臉龐便略顯放鬆了。

小彩緊接著問我：「莫老師，所以你相信有鬼，對不對？」小彩問我這問題，其實是希望我能相信她的害怕不是無稽之談。

「從老祖先開始，或任何一宗教信仰，都相信人死後有靈魂之說。所以並不需要去證明有鬼無鬼。但鬼不是隨便都能看到，就好像——我們知道環境中有細菌，卻不需要時時刻刻去證明細菌在那裡。」我使用「細菌」的譬喻，是協助小彩用她能懂的事物去理解她所疑惑的事。

小彩緊接著問了第二個問題：「為什麼我會感覺到鬼？別人都說沒有。」

「你這個問題問得很好！我們繼續用細菌來思考，什麼樣的狀況下會造成細菌感染？」繼續利用「細菌」這譬喻，我反問了小彩這個問題。

小彩很認真的思考，然後說：「如果有傷口，沒有去處理它，它就會發炎、會潰爛。」

「你說得很好，這是屬於身體的傷口。你知道：人的內心也會有脆弱的時候嗎？」同樣的，用「生理」和「心理」類似的譬喻，引導小彩對怕鬼的事情能有掌控感，然後再依此作譬喻，並延伸出思考與討論的目的。

小彩臉上出現了疑惑，這不是她熟悉的問題，她搖搖頭：「是指——我心理有什麼問題嗎？」

「我們對身體的概念比較熟悉，所以再用身體來了解什麼叫作心理的脆弱。身體的健康有先天的，也有後天的，例如有些人先天就有鼻子過敏……。」提到鼻子過敏，小彩搶著說：「我就是！常常早上會用掉快一包的衛生紙！」

「也有受後天影響的，例如長期在輻射的環境下，自然身體健康就會變差。同意嗎？」我用緩慢的速度讓小彩理解。小彩點頭回答：「同意！」

◆◆◆怕鬼的心理層面在於沒有自信

「心理也一樣，有些人天生因有敏感的特質，在某些方面比較脆弱，對環境的刺激會有過度的反應，例如：很在乎別人的眼光，跟別人相處時，內心常感到焦慮；另一種則是後天影響，例如在童年時期，受到一些傷害……。」

我一邊解釋一邊觀察小彩的反應，她很認真的傾聽並似乎在思索內在的自己，待我說明告一段落時，小彩回應了：「我常常懷疑自己的能力，媽媽說我沒自信，我也超怕別人表情很兇的樣子。這是不是就表示我的脆弱？」

媽媽也接著說：「是啊！小彩從小很乖、很安靜，但很少表達自己的意見，我希望她能多一點自信……。」媽媽補充了很多小彩沒自信的表現。

「細菌會攻擊我們的脆弱點，多一些自信，也就不怕鬼細菌來干擾了。」談到這裡，小彩已經不再問有沒有鬼的問題，談論的是沒有自信的苦惱。接著，我準備要進入討論作法了，我問小彩這個問題：「小彩，你有沒有一件很想做，但不太敢說出來，放在心中的事？」把心中的願望說出來，是缺乏自信的人難於表達的：一則他們感受不到自己的願望，二則他們常對自己的願望不抱希望。

小彩支支吾吾的，眼神看向媽媽說：「我……想跟同學……出去玩，在放假日的時候，他們會去逛街，還有看電影……媽媽，可以嗎？」

媽媽也很快的回應：「你只要讓我知道跟誰出去、去哪裡、幾點回來，我就會放心。」

小彩聽了媽媽的回應，頓時露出十分開心的表情。我回應小彩：「小彩，你可以表達出你的需求，這需求若是合理的，媽媽會同意啊！若媽媽有什麼意見，她也會跟你討論，對不對？」我看向媽媽，媽媽猛點頭：「那當然啊！」

下一秒，我發現小彩的表情有些嚴肅：「小彩，你還有什麼問題想問我嗎？」

小彩手握緊問：「莫老師，萬一晚上睡覺時，我又覺得很害怕該怎麼辦？」

◆◆◆◆尋找能讓自己放鬆的「驅魔寶物」

「羅馬的確不是一天造成的，時間久了，當你心理力量愈來愈大，就會愈來愈不怕。我們來想想——在你的臥室內，什麼樣的氣氛會讓你感到放鬆、心情愉悅呢？」

「嗯～～聽我喜歡的音樂，還有——擺一些我喜歡的飾品或海報，我好喜歡BTS（韓國偶像團體，又名「防彈少年團」），我……也想要有他們的海報。」

小彩腦袋想起喜歡的東西，不由自主的又開心了起來。

「你想的方法非常棒！這些都可行，萬一你不在自己的臥室內，可是卻感到害怕時，大聲哼出BTS的歌，也會讓自己離開害怕喔！」我補充可能發生的情況。

小彩點點頭，媽媽問了一個極重要的問題：「莫老師，你覺得看驚悚片、鬼片，適合嗎？因為——她常常害怕，可是又想看。」

「我倒是要來請教小彩，你覺得這對你的身心是有幫助的嗎？記得喔～會造成我們的心情感覺不舒服的事物，就要遠離，好好保護我們的心。」我請小彩為自己判斷，做自己「心」的主人。

「當然是不好！」小彩如此回答。

那一天的諮商後，小彩重拾了一份對恐懼的掌控感，也開始有方向性的練習表達自己的意見，怕鬼的不安也就漸漸遠離她了。

心理師的暖心話

◆◆◆◆ 正視孩子恐懼的心理

當孩子出現像小彩怕鬼的狀況時，父母通常是如何應對的呢？「世界上哪有鬼，你不要自己嚇自己！」、「你膽子很小也，你幾歲了，怕什麼怕！」、「那些鬼怪的電影都是假的，騙人的！」十之八九是這樣的回應吧？

對孩子而言，爸媽的訓詞沒辦法聽進去，然而恐懼害怕的心卻依然揮之不去，甚至是愈想說服，就愈變本加厲，原因在於父母的說服、責備或是嘲笑，乃是令正在經歷害怕的孩子有著：「我害怕的心情，你一點都不了解啊！」的孤單心情，導致害怕的心承受著更大的害怕感。

因此大人必須看清楚的是：恐懼心理正在支配著孩子，他的害怕是千真萬確的，而非三言兩語能撫平他的害怕。

所以要陪伴孩子跨越這恐懼，提升他的掌握感及因應能力是關鍵因素外，最重要的仍然是父母陪伴時的細膩心態與技巧。

事實上，陪伴孩子克服怕鬼，或許也能喚起許多大人面對恐懼害怕的情緒功課。每個人的內心都存有不同的害怕，當我們愈了解害怕、接納害怕，害怕不再能操控我們，轉而是我們可以平靜安穩的面對它，進而生出更多超越害怕所習得的能力！

【親子的暖心練習】

以下提供協助不同心理成熟度的孩子克服怕鬼的原理與作法！

◎ 用「同理」傾聽孩子的懼怕

當聽見孩子說「我怕鬼」、「我怕黑」的時候，也許你會說：「哪有！你不要自己嚇自己，你想太多了。」這樣一來，你是站在與孩子害怕情緒的對立立場，否定他的情緒，而非了解與接納他的情緒，所影響的結果是：你與他的心理切斷了連結，也失去了你陪伴他學習的機會。

因此，無論是面對多大的孩子，取代否定情緒的第一步就是放下手邊的事，以專注及好奇來完整了解孩子的害怕：「你很害怕嗎？」、「你覺得黑黑暗暗的會怎麼樣呢？會發生什麼事呢？」、「你想到的鬼是什麼樣子的？」維持穩定情緒，不大驚小怪，避免加深他怕黑心理。當有機會引導孩子將害怕的內容具像化時，不僅他的心情獲得理解，同時恐懼感亦會降低很多。

◎ 展現「強大」的安全堡壘

心理學依附理論的論述是：當孩子身邊有一位讓他安全依附的大人，這位大人就像是他的安全堡壘，能影響孩子願意往外踏出去探索這個世界，也能夠從父母的示範及安撫中學習如何調節情緒。

因此，當孩子對於未知世界或事物而產生怕黑怕鬼時，我們如何能成為他的安全堡壘呢？第一步必須給予肯定，肯定他找對人了，因為爸媽對抗黑暗或鬼怪可不是省油的燈：「原來你是怕這個——（描述以上他所害怕的內容），你找對人了啊，我這方面可是很厲害的！」以下列舉一些創意的作法展示你的「厲害」，也可以舉一反三喔！

- 跟孩子比力氣，感受你的力量有多大，贏他幾次之後，再讓他贏，如此一來，他就在你之上，更強大啊！
- 秀出你的肌肉說：「看，我有這個！」
- 用譬喻：「我有光在身上，黑暗或鬼遇見我就逃之夭夭，因為光會把他們避退。」當力量在你身上展現時，孩子不知不覺會從害怕移轉到他眼前有一個很厲害的靠山。如此一來，他不僅能因靠山得到安全及保護，也可以學習靠山如何對抗黑暗鬼怪的方法。

◎ 用「探索及增能」增加掌控感

父母再進一步可參與他的「恐懼幻想」，讓孩子在安全堡壘的加持下漸進探索，目的是辨識該恐懼事物的本質，對恐懼事物產生新的認知框架、最終協助孩子產生從內而生的「掌控感」。以下提供增加「掌控感」的例子，只要我們掌控住如何增加「掌控感」的精髓，就可以變化適合孩子的方式：

- 肢體遊戲的方式：「鬼在哪？我們一起去看看！」接著，牽著他的手，陪他來到他所説鬼出沒的地方，在此以想像戲劇方式來探索環境。例如：與鬼展開動態十足的交鋒，假裝捉捕他、有時不慎被他攻擊到，但你們是遠遠的佔上風，最後對鬼施加恐嚇命令：「你想嚇人，但你絕對逃不出我的手掌心！」直到鬼很驚恐的消失離開——「你回來，不要落跑！」，轉而得意的口氣對孩子就：「他嚇得屁滾尿流的走了！」其實，這是一場你和孩子共享的奇幻冒險遊戲，而你們永遠都是贏家，因為鬼實在太遜了！最後，你傳承一套祕笈給孩子，當作他的護身祕笈：「鬼怕勇敢的人，你愈不怕他，他就輸了！」若孩子累積多次以上像這樣的成功又好玩的經驗，漸漸會對所害怕的事物產生放鬆與掌握感。
- 畫圖説故事遊戲：「你把那鬼的樣子畫出來給我看看，我來研究他是什麼樣的鬼？可用什麼方式來對付他？」畫得愈具體愈好，他邊畫，你可以問他：「他有什麼地方長得像人？」、「有眼睛嗎？鼻子？嘴巴？頭髮？」畫完之後，請孩子來想想這鬼的名字和屬性：「他是什麼鬼？是搗蛋鬼、貪吃鬼、愛哭鬼……？」接著延伸與人性相關的問題：「他是搗蛋鬼對嗎？他是不是太無聊沒朋友，到處搗蛋找朋友？」、「他是不是愛哭鬼，想找人秀秀？」你邊猜邊問，只要孩子有回答，立即給他大大的讚賞：「你太厲害！被你識破了！」最後依照孩子畫的圖及故事內容來延伸對付鬼的方法：「原來是這樣的鬼啊～你猜要用什麼寶物來克他呢？」先以孩子提出的方式為主，如果他遲疑，你再從旁協助，讓孩子自己或與你一同共構，把寶物畫出來，剪貼護貝或貼在家裡某一處，成為他的守護者！

- 擅用譬喻：針對年齡較大的孩子，就像故事中的小彩，可以用譬喻方式來討論，如：鬼如同細菌，它難用肉眼看見；細菌會攻身，鬼會攻心；而兩者都可以透過增加免疫力來對抗：「當你害怕時可以做哪些事讓自己心情放鬆、保持愉悅呢？」例如：打開電視、聽音樂、開燈、看書、打電話找人聊天等等，跟孩子討論出專屬他的解決方案。

考試考不好的焦慮

如何引導孩子接受不完美並適時紓解壓力

家中是不是也有一個對自己要求很高的孩子，若是考試考不好，便會大發脾氣呢？像這樣的孩子其實內心害怕失去肯定，身為父母不妨先肯定他的付出，並引導他接納一點點的不完美，適時紓解壓力，才能真正脫離焦慮感。

媽媽希望國二的阿睿來見我的原因：「莫老師，讀書這件事，阿睿從來都不需要我們操心，但我們操心的反而是，他太認真了，認真到每天只睡兩、三小時，十二點就寢，三點鬧鐘響，馬上起床繼續唸書；並要求要考高分，考不好，對自己發大脾氣，撞牆大吼。眼看會考又要到了，我們真怕他承受不了考不好的打擊……。」

阿睿在媽媽一番遊說後，終於願意跟我見面。

阿睿見到我的第一句話：「我們要談多久？一個小時嗎？可不可提早結束？」

我感受到阿睿的焦躁不安也將它反映出來：「阿睿，你好像很擔心時間，是什麼重要事情讓你掛心呢？」

阿睿立即回答了我的問題：「我要回去讀書，今天已經耽誤很多時間了。這樣不行，會打亂我的整個計畫。」

阿睿唸書分秒必爭，心情也常常受制於考試成績；在爸媽眼中好心疼但又勸不了他。而我起初對阿睿設定的諮商目標是：鬆綁他對考試成績的執著想法、降低對自己的要求；然而後來因被阿睿拒絕後，我發現愈想引導阿睿改變，他會愈無所適從，並頓時感到失去多年來唯一的掌控感：埋頭苦幹於課業。

◆◆◆◆積極發現孩子被肯定的動機

「阿睿，你這樣好辛苦！其實你已經做得很好了，而且有過之而無不及。課業成績很重要，但睡眠以及你的身心狀況也很重要。」

我話還沒說完，阿睿就告訴我：他不會放棄他的目標——考取第一志願學校，之後大學是國外最頂尖的大學，唯有從最頂尖的學校出來，才能有高職務、賺多錢，這就是他要的；唯一能實現這目標的，就是拼了命的唸書。

被阿睿打斷後，我重新調整了諮商的目標：「阿睿，我聽到你的想要了，可不可以給諮商一個機會，你可以談任何你想要談的，包括你目前遇到的壓力或是阻礙，我會站在你這一邊，來協助你獲得最好的。」同時，我也告訴了媽媽以上的調整：不管孩子今天選擇什麼，我們與他站在同一邊。

阿睿是一個心腸柔軟的孩子，他的回應是：願意接受往後的諮商。改變就從積極跟隨開始。所謂的「積極跟隨」就是去發現他值得被肯定的動機，肯定他是一個努力向上又為自己負責的人，並接納他為自己所作的一切努力，不帶有主觀想法和任何批判的眼光來看待他。

這樣的積極跟隨，阿睿被療癒了！阿睿原來僅僅看到的是自己的不足，對自我的批判和失望，如今他被肯定，也被支持著。

◆◆◆ 讓完美的小孩接納不完美的自己

阿睿的第一個改變是——從荊棘滿布的框架中重獲自由。

我從他口中聽見了他對現行教育的批判：「我們的教育並沒有教我們去認識自己，更沒有教我們如何作選擇，唯一教我們的方式就是去追求一個分數，依照分數來作生涯的選擇！」在批判的同時，阿睿仍然勤奮於課業：「我對未來的生涯選擇並不清楚，目前我選擇以課業為重，我盡我能力做到最好。」

阿睿對現行體制的批判是代表他對原來僵化式思考產生了鬆動，也就是重新思考了原本的「應該」。我們的教育體制的確不是一個完美的體制，有其必要批判的地方；當未及時思考這些盲點，且採取絕對聽從時，則可能會落入「失去被認同的恐慌」，例如：我分數不及格，我就是魯蛇了！如此一來，一切學習的驅動力乃出於恐懼，最後是勝者為王，敗者為寇；反之，當客觀的進行批判，乃是以自由之身，為自己重新作選擇、作計畫。

阿睿的第二個改變是——脫去舊模式，練習新模式。

阿睿自然而然的比之前減少了讀書時間，也多了睡眠時間，然隱藏的焦慮感仍時不時會露出身影，質疑自己：「我好像變懶了，有時候會提不起勁來唸書，我很擔心有一天我會比別人落後！」

我問阿睿：「在學習這條路上，你想跑短跑，或是長跑呢？」

阿睿毫不猶疑的回答我：「當然是長跑啊，活到老學到老！以前我是拼了老命的跑，像是跑短跑一樣，每天每分每秒都用衝刺的方式在跑。」

我接著說：「你目前是調整賽事，從短跑轉為長跑，但很可能以前你用短跑跑長跑，某些肌肉因此過度使用，目前它們均在休養中，等休養好了，就可以使用長跑模式了。」

阿睿聽了，很振奮的說：「讓它休息是必要的，不只是應付會考，還有很多很多的事都好想做，也好想學啊！我要慢慢的跑，而且要使用均衡的力氣和肌肉，這樣才能持續夠久！」

阿睿的第三個改變是——接納不完美。

「我這次的考試成績結果還可以，比之前退步一些些。」

我好奇阿睿是怎麼看待退步的：「你的心情沒有因成績退步一些些而感到煩躁，你是怎麼看待『退步』這件事的？」

阿睿臉色很輕鬆的看著我：「退步就是退步啊～除了懊惱，退步可以做的事情還很多，例如：去檢討退步的原因後下次改進，還有……就算失敗了，沒有考上我要的學校，也還有路可以走，像是重考啊，或接受結果，再努力就是了！當我想要學的時候，在任何環境都可以學，不是嗎？」

阿睿往升學的路上走得愈來愈踏實，即清楚又堅定自己的目標，也能隨時作必要的調整。

心理師的暖心話

◆◆◆◆幫助孩子適時紓壓

常常外在及他人的眼光會影響我們的自我認同，因此為了得到他人的認同而奮戰著，阿睿亦同，而且強迫性的停不下來。當他人因出於關心而勸退他時，反而使他更焦慮，因為阿睿覺得：連唯一可以努力展現的勢力都被懷疑嗎？然而，當阿睿接受他的努力是被認同的，反而少了焦慮、多了空間，讓他可以反思覺察未來目標選擇的多樣性，同時增進了達成目標的效能。

面對考試焦慮而會對自己過度施壓的孩子，大人除了給予動機的認同及支持，讓孩子感受到你和他是同一國的，此外也可以適時的提供減壓的妙方。

【親子的暖心練習】

當孩子自我要求多且壓力大時，父母該怎麼做呢？以下提供五招關於孩子在面對壓力時，自我減壓的好撇步：

◎ 第一招：「我的目標是——，就算——（失敗），我也可以這麼做——。」

壓力最大的問題是會讓人患得患失，它會在你耳邊、在你內心，像心魔一樣攪擾你，最常出現的字眼是「萬一」，例如：「萬一考不好，怎麼辦？」而這「萬一」的聲音，有如驗證預言般，把未來形容地毛骨悚然，所以就啟動了內在的作戰系統。

然而，面對這無厘頭的「虛擬恐懼」，會讓我們或孩子經常驚慌失措，反而吞食了自我的內在力量，結果使得能量無處釋放，卻變質成為「不安、患得患失」。

所以，要進入內在，去找壓力，不是排擠它，而是和它對話，改變它的用詞和想像。例如：「我考試的目標是——，就算——（失敗），我也可以這麼做——。」這樣，「萬一」會失效，給自己多一點信心，目標又更具體，不像是在打空氣，消耗能量啊！

◎第二招：訂進度、抓重點、做考題、改錯誤、溫習課本

要消除壓力所帶來的不安，實際的行動也很重要！當壓力撲天蓋地的襲來時，我們應該幫助孩子要冷靜以對的來擬訂計畫，接著按部就班地來執行。

例如可以跟孩子討論並尋找那些有考試經驗的前輩來諮詢，詢問他們如何「有策略」及「訂進度」。聽取了前輩們的意見之後，再請孩子依照自己的時間和步調，訂出屬於自己的計畫。

因為準備考試的時間有限，最有效率的方式是：抓重點、多做考題、訂正錯誤、把有錯的再重新回到課本去看一遍，不會的記下來找人問！

◎第三招：身心紓壓很重要，跑步、寫小日記、聽音樂、看書、祈禱、聊天……

面對壓力不一定是努力、努力、再努力，這種強迫行為可能是另一種陷阱，反而是隨時保持身心最佳狀態，才是最重要的。所以，即便是在壓力期間，動動身體仍是必要的，最簡單的運動就是跑步，配合其他心理紓壓的方法，如寫小日記、聽音樂、看勵志的書、祈禱、找好朋友談一下壓力等等。

◎第四招：勝過誘惑很重要，選擇一個安靜可以專注的環境，像圖書館、K書中心

壓力出現的方式還有一種，就是內心在打架！比方說，在壓力大的時候不停的想吃東西、想打電動、看電視、玩手機等等。壓力看起來像是用誘惑的方式，導致我們去做相反又會沉溺的事。

此時心裡很痛苦，不想這樣，但卻又眼睜睜看著它失控而無能為力。這是許多人常會出現的內在糾葛，一方命令一方要去做什麼，另一方不願意甚至想去做不被對方允許的事。這是耗能的一場爭論，爭執不下時就會造成結果混亂、失控、什麼事也做不成，甚至心情很差。

所以，當準備考試時，引導孩子選擇一個安靜可以專注的環境，像圖書館、K書中心，在團體動力的氛圍中，較容易心無旁騖地專心於讀書這件事上；至於那個「誘惑」，並不是要去消滅它，而是為它做更好的安排，結果帶來的不是罪惡感，而是喜悅，例如可以這麼做：訂定在什麼期限內完成什麼樣的進度，當達成時就給自己一些犒賞，或慶祝，鼓舞自己繼續往前進！

◎ 第五招：尋找孩子信任的陪伴者，陪伴、支持、打氣

事實上，壓力有時會像調皮的小孩，偶爾來鬧場一下，所以在這關鍵時刻，除了要幫孩子理解壓力在內心所產生的變化、自覺自己的壓力狀態、按部就班的執行計畫、過著身心皆平衡的生活之外，最重要的還要能意志堅定的面對平穩中的震盪。

但意志要如何堅定呢？最好的方法就是找人陪伴走過這漫長又煎熬的過程，譬如找家人、老師、或者好麻吉，定期邀請他們為孩子打打氣，這是重要的！

用畫來塗抹恐慌的記憶

教導孩子如何面對心中的驚嚇憂慮

很多時候意外總是來得不是時候，因此會造成孩子心理的陰影存在。面對這個時期，父母除了陪伴還必須以同理心開導才行，以免孩子的恐慌心理蔓延擴大。

小菊高二以前，無論在學業、人際、社團都兼顧得很好。每天背著一個吉他到學校去，下課、放學就和同學一起玩吉他，是老師眼中熱心服務、課業認真的學生。假日不是補習，就是和同學約好一起到圖書館或咖啡館讀書。小菊一心想考上的是美術或設計類的相關科系，父母亦給予百分百的支持。

然而某一天事件的發生，衝擊了小菊長久以來的平靜生活。小菊一如往常的獨自從學校放學回家，途中遇見了一位陌生男士。該男士往小菊靠近，刻意阻擋了她的去路，開口對她說：「我注意你很久了，我想和你做個朋友。」小菊打量了這位男士，身形矮胖，接著快速反應說：「我不認識你，你走開！」該男士沒有走開，小菊見狀就大步的移動了腳步，頭也不回的拚命往前方走……。

自那天起，小菊內心重複出現該男士的身影、樣貌，和他口中說的那句話：「我注意你很久了！」

這陰影逐漸在她內心裡擴大：她被注意跟蹤多久了？接下來會遇到什麼危險？為什麼她會被噁心的男生盯上？種種疑慮不安的想法，像原子彈一樣，突襲小菊的內心。隨即而來的就是小菊出門、走在路上，恐慌像是死神一樣襲擊而來。那一次的恐慌經驗發生後，生活中正常美好的步調及作息就劃下了休止符，小菊也休學了。

我和小菊初次見面的當天，她因沒辦法出門，只好臨時更改預約時間；再下一次見面時，她準時赴約，然而面容是十分沮喪。

「一旦說好要出門，我都十分害怕，我怕在半途中突然看到令我覺得害怕的人或情境，頓時頭會巨痛、頭暈、心跳加速、手腳發麻、冒冷汗，非常非常的不舒服，感覺快要昏倒或快要死掉一樣，那……真的很可怕！」這是小菊第一次來的時候，描述給我聽她很難出門的狀況。

「你今天能成功從家中來到這裡，算是不簡單了。」我肯定了小菊的努力。

「出門之前，我還是有很多的害怕。」接著小菊長嘆了一口氣：「唉！這個問題讓我沒辦法好好過生活，我不敢去學校、任何地方都不敢，可是之前我不是這樣子的……。」小菊停頓了幾秒鐘，似乎恐懼不安的情緒再度席捲而來。

「出門對我來說太困難了，並且不管在路上、餐廳、商店，任何長相看來是胖胖、噁心的男生，我也會不由自主的感到很害怕。雖然家人、朋友都勸我，在街上向女生搭訕的男生很多，叫我不要太在意，但這樣的說法還是無法幫助我。」小菊在描述的過程中，身體微微的顫抖，好不容易將事發到現在的情況完整的說了出來。

◆◆◆◆ 多給孩子中肯的想法回饋

「小菊，我可以感受到你的恐懼，不只感受到你心中的那種恐慌感，還有你的身體也在經驗這強大的恐懼，因為你的身體記憶著當天那深刻的畫面，包括影像、聲音、背景。這對你來說是很不舒服，很痛苦的。」我的理解能帶給小菊深刻的被同理及被接納。

小菊仍然是痛苦的表情問我：「很多人都勸我『不要想太多，沒事了！』難道是我的問題嗎？我會陷入這種恐慌感，別人不會嗎？」小菊同時也承受了自我懷疑的沮喪心情。

小菊需要的是一個中肯的想法，不是被指責也不是被安慰而已，我這樣回應她：「小菊，這種突如其來的衝擊，對你的影響是造成了你的恐慌，這恐慌的程度和復原的時間因人而異，有些人可以自然復原，就好比是不小心割傷的淺傷口，只要保持傷口清潔便會自然痊癒，有些人就需要長一點的時間，因為傷口可能因處理不當有些發炎了！」

小菊立即對此作了回應：「我在第一時間很恐慌的時候告訴我的家人，但他們並沒有什麼反應，我也不知道怎麼辦。」

「你的家人在第一時間小看了這事的衝擊，後來你愈來愈害怕，他們也不知該怎麼辦？」小菊點頭：「對，他們就是這樣！」她接著說：「後來他們知道我的狀況嚴重，媽媽天天陪伴我，還邀請我和她一起禱告。朋友也會關心我，他們時不時會傳訊息給我。只是……這一切的不同在於我的生活改變了，我沒辦法離開家門，我覺得外面都好可怕。我的害怕可能只有上帝最了解吧！」

我聽見小菊對環境、對自己失去了很多信心，但對上帝是唯一的相信，也帶給她一份安全感，因此我這樣問她：「你心中的上帝是長什麼樣的呢？」

「祂像是很關心我的爸爸吧！祂應該有很大的膀臂可以保護我。當恐慌的感覺來的時候，連我自己都幫不了自己，旁邊的人好像也幫不了我。所以，我只祈求上帝能幫助我了。」小菊在極度無助的時候，無法依靠自己、他人，在她心中的上帝是爸爸的形象，能幫助保護她。

「你如何可以感覺到上帝在幫助你呢？」對小菊而言，這是她的一線希望，我想把這希望更具像化，讓小菊常能想起這希望。

「我……相信祂會幫助我，但我不知道祂會怎麼幫我？」

「你說祂像是很關心你的爸爸，又有很大的膀臂，所以，很大膀臂的爸爸會怎麼幫助自己的孩子呢？」我邊說邊比劃了一個大膀臂的樣子。

小菊想了一想：「他會用膀臂將我緊緊抱住，使我不受到傷害吧！他也會喝止惡勢力來侵犯他的小孩。」

「小菊，你形容的這畫面，我感覺到又溫柔又有力量，也讓我感受到有一種安全保護的意象！你回去之後，可以多想像這畫面，隨時能感受到上帝與你同在嗎？」

小菊主動說：「我可以把這畫面畫下來嗎？」

「當然好啊！」

我們結束了第一次的諮商。

◆◆◆◆

當恐慌出現時，陪孩子轉移注意力

下一次諮商時，小菊拿了她創作的圖給我看：「中間的女孩是我，在我的外圈有一股黑暗勢力，在我和黑暗勢力的中間是一圈的光，光把我和黑暗勢力給隔開了。」

我問小菊：「那很有份量的膀臂是否化作這一道光呢？」

小菊說：「我看不到上帝和祂的膀臂，但我處處可以看到光。」

小菊仍然有恐慌的時候，對外在環境仍然有很多的害怕，但她盡可能的轉移去想或做其他事，讓恐慌減少。小菊有慢慢地進步。

在接下來的幾次諮商，我請小菊回想過去她曾經與自己一起的美好時光，例如在咖啡館、在美術館、獨自走在有秋楓落葉的街道上……同時加上上帝與她一起的畫面，增加了安全保護感。

有一次，小菊遞給我一幅畫，我把畫接過去。畫中是一個女孩獨坐在公園裡的草地上，抬頭仰望著藍天、口中啜飲著一杯冰茶，有幾位孩童在女孩身旁的不遠處奔跑、玩耍。畫中的女孩看來很優閒、很愜意。

小菊帶著喜悅的心情說：「我完成這幅圖的某一天，我突發奇想的想到公園走走。然後，就像往常，我很平靜，一點掙扎也沒有的出門了，那一天——又像是回到了之前獨處時的美好時光，坐在公園的草地上，望著藍天發呆，欣賞孩童的可愛模樣……。」

「自從那一次後，我還去過了幾間咖啡館，都是我喜歡的風格。我覺得我已經不像之前那麼害怕出門。只是人潮太擁擠的地方，到現在我還不太敢嘗試。」

小菊有自信的分享了這段時間以來的進步。

心理師的暖心話

◆◆◆◆與其擔憂揣測，不如正向面對

一個在街道上陌生男子的唐突反應，引起了小菊的恐慌；同樣的，在我們所處的社會，也曾經發生過幾起震撼社會的隨機殺人、傷人的事件，所引起的是整個社會的恐慌；因此，在事件過後，大人們需要幫助自己從驚慌憂慮中出來，同時也需要了解如何陪伴孩子面對這些驚悚的社會事件。

而且父母無須在旁乾焦慮及揣測孩子聽到什麼，只要父母作好了心理準備，包括先安撫好自己焦慮的情緒、沙盤推演自己將如何和孩子談論，以從容的態度去關心孩子對事件的了解，如：「你知道最近有壞人進入學校傷害小朋友嗎？」當有此破題後，接著便能進行一來一往的談論。

◆◆◆◆ 以「客觀」的態度去了解事實

當驚悚的社會事件發生時，人們為了安撫內心的恐懼與焦慮感，並想儘速找回掌控感的渴望，各式臆測紛紛出爐，企圖快速地破解這些事件。然而透過醜化、標籤、激化等等所形成的「偏見」，反而造成對社會的扭曲，例如：社會藏著很多「殺人魔」、玩電玩的人都心理變態、有神經病的人都很可怕……這種涵蓋著誇大式及以偏概全的想法，不但會影響孩子對這世界產生錯誤判斷，也造成他們對人的不安與不信任。

因此，更好的作法是對孩子傳遞客觀的事實！因為唯有對事情客觀正確的判斷與了解，才能獲得安全感，或重新對周遭產生掌控感，包括：「發生了什麼事？」、「發生率有多少？」、「為何會發生？」、「我可以怎麼保護自己？」等等。以下就針對上面所提供的問法，教導父母如何陪伴孩子度過這段時期：

第一問：發生了什麼事？針對事件過度的報導描述，會催化孩子不必要的聯想及恐慌的情緒，因此切勿鉅細靡遺的描述，如：割幾刀、流多少血等等。倘若孩子主動提及相關的情節，父母可以選擇性提供訊息，更重要的是協助孩子解開心中的疑問及恐懼，關心他對此事的感受。例如：「這件事你有何感受？」、「你聽到這樣的事，你會害怕嗎？」

第二問：發生率有多少？災難式的誇大講法，可能會令孩子誤認為：「這些事件時時刻刻會發生。」因此父母可以用孩子自身能了解的經驗去理解事情的發生率，如：這類的壞人是屬於很少很少數，從過去到現在，它的發生比起路上車禍的發生機率少很多很多。

第三問：為何會發生：幫助他了解這個「壞人」的困境，如：他沒有朋友，他很不快樂，他不知道怎麼解決這些問題，也不會找人求助，所以壓力累積到一定的程度，他的頭腦生病了，最後害了別人也害了自己。這是情緒和心理的教育，幫助孩子從中學到：「情緒及壓力調適」是需要學習，也是可以學習的；情緒是需要被照顧的，父母可以成為他情緒的聆聽者。

第四問：怎麼保護自己：許多父母們，在事件還沒發生以前，已經教導孩子如何保護自己及注意安全。因此，在社會案件爆發後，原來所教孩子的安全原則仍然是可行的，只要再增添少許注意事項即可。此外，也告知孩子，社會透過這些事件，都會積極地檢討改善，會以民眾、孩子的安全為重。

【親子的暖心練習】

當孩子產生恐懼時，小至怕黑大則受到外界影響而生的懼怕情緒，家長們千萬不要小看，要正視孩子的傾訴，以客觀的態度幫助孩子。

◎ 接收孩子的恐懼情緒，不輕忽

每個人都有害怕的事物，想想自己最害怕的東西，當下的情緒是不是也需要被好好安撫？年紀更小的孩子當然也是如此。務必傾聽孩子說話，並且給予同理，同時也需要提供中肯的建議，免得強化那份恐懼與恐慌。

◎ 以客觀的態度幫助孩子釐清恐懼的模樣

最中肯的建議便是，帶著孩子一起分析客觀的事實。和孩子一起查找資料，也許用數據來呈現發生的機率等等，當孩子認識到客觀事實後，可以減少心裡被放大的恐慌。並且帶著孩子回想好的回憶，一點一點消除恐慌。

◎ **鼓勵孩子用各種方式記錄與抒發**

各種情緒都需要有抒發的管道，可以鼓勵孩子記錄下來，讓孩子用自己喜歡的方式記錄，除了抒發也是一種面對。

當憤怒上身時

如何引導孩子尋找隱藏憤怒下的癥結

當孩子大聲說話，甚至摔東西或手機時，就代表他可能有話想要說出口，卻不知如何傳達？身為大人的你，只能先緩和孩子憤怒的情緒後，再放慢腳步，並試著引導孩子將憤怒背後的問題一一呈現並協助解決。

娜娜，一個高二女孩，她最大的困擾乃是跟媽媽的相處有關。母女兩爭吵已久，常為小事爭吵、相互抱怨責怪，兩人之間已經到了三天一小吵，五天一大吵的程度，彼此的緊張關係，讓娜娜一回家就有股緊張不安的感受，情緒失控的狀況也日顯嚴重。

娜娜談起媽媽的「罪狀」，彷彿罄竹難書。她抱怨媽媽經常愛管她又常常否定她。例如有一次，娜娜的美術作品被學校選上，並推派她當代表去參加全國比賽，媽媽未有任何肯定的話，反而告訴她當藝術家將來會餓死；娜娜在母親節費心做了一個蛋糕，媽媽嫌太浪費時間，應該把時間好好拿來讀書。

娜娜應對的方式不是沉默、生悶氣，就是大發脾氣，這樣的方式成了她的痛苦循環。

有一次，同樣和媽媽在為某事爭吵時，一時無法控制，娜娜把手機摔在地上，螢幕頓時裂開來，並伴隨娜娜對媽媽的嘶吼聲：「我已經跟你說過多少次，你為什麼都聽不懂？」難於止住的怒火又再次燃燒起來……。

發生情緒失控後，娜娜來尋求諮商。再度提起那天的衝突時，娜娜露出極不悅的表情說：「昨天，我氣到把手機摔在地上，螢幕頓時裂開來！」說完即刻停頓下來，轉換成閃爍的眼神，好像是在透露著：「我好懊惱！」、「你會怎麼看我這樣的行為呢？是否不當？幼稚？愚蠢？」

娜娜擔心我對她的行為有所評論，但我回應她的是：「你的憤怒一定是有話要說，手機是你心愛的東西，一定是當時氣炸，理智線斷了，才會把它摔成這樣！」

娜娜繼續說：「沒錯！我真的很受不了她，如果她能在我眼前消失，那該多好！

很不幸的，我還必須天天看到她！」接著娜娜語調聽起來好無助：「我也不想生氣、不想抓狂成那樣，但……就是沒辦法！」

◆◆◆ 引導孩子釐清憤怒底下的問題

憤怒常令人踩不住煞車檔且讓車子暴衝，然憤怒亦是一種警告訊息，值得我們注意傾聽！於是我引導娜娜一步步放慢腳步，好好的來釐清憤怒底下的來龍去脈及隱藏了哪些問題呢。

這一次的激烈爭吵是為了娜娜暑假去打工。從找工作到面試都是娜娜自己獨自進行的，而媽媽反對的理由是：娜娜打工的場所離家太遠，花很多時間在交通上很不划算。

娜娜也反駁了媽媽的說法，她舉出了這份工作令她滿意的理由：環境單純、同事關係良好、工讀的錢可以補貼生活費，甚至可以不用向媽媽伸手要。娜娜愈是鉅細靡遺地說明，媽媽愈是堅持己見。最後兩人劍拔弩張，娜娜責怪媽媽食古不化、愛管事又過於主觀。

娜娜與媽媽爭吵的一個癥結已昭然若揭：娜娜想改變媽媽，扭轉媽媽的看法；想改變一個人往往是最不利己的行為，因為當試圖要改變時，事實上只會激起另一方那種令她深以為苦的固執。

我問娜娜這個問題：「你有向媽媽說出你為什麼要去暑假打工，你的立場和想法是什麼？」

娜娜一臉疑狐的看著我：「我跟她解釋了這麼多，不就是在跟她說我的立場和想法嗎？」

我點點頭，肯定她有向媽媽表達出她對事件的看法，然而娜娜對自己的立場是肯定的嗎？「你不只說一次，還強調了很多次。除此之外……你有跟媽媽表示：你所選擇的這份工讀，以及你的時間安排等等，你——會——對——誰負責呢？」我的口氣在最後一句話特別加重強調。

娜娜很快的回答：「當然是自己啊！」說完像似車子緊急煞車般，停頓思考了幾秒鐘，再對前面的說法作了修正：「我好像……理性知道是要對自己負責，但我心中並不十分肯定。」

◆◆◆◆找到癥結後，幫助孩子整理自己的思緒

這一瞬間，娜娜發覺了內心原來在迴避一些事情，我問她：「你內心並不肯定的是什麼？」

娜娜很專注的說：「我的確有『萬一自己做不好怎麼辦？』這樣的想法；因為當我做不好時，我媽肯定又會像從前一樣來嘲諷指責我。」

我問娜娜：「你會因為做不好就不去做嗎？」

娜娜用很肯定的口吻說：「不，我還是會去做。也許我會做不好，會有失誤，但我還是想試試看，有什麼問題就再想辦法解決。」

從娜娜的眼神中看見一份渴望、一股動力，我問她：「你為什麼這麼堅持，想要這麼做呢？」

娜娜語帶輕柔的說：「我該學習獨立了吧，也想證明自己是有能力的。但……我發現自己信心不是很足夠，或許我一直在期待媽媽可以給我信心和支持！但……她不可能的！」

「你真正想要的是『獨立』，但你感覺到媽媽並不支持你？」

娜娜邊思索著說：「當我看到我媽時，容易有一股無名火，除了她沒有給我支持外，我好像從她眼中感覺到——她並不想——我長大獨立。我媽確實會這樣，只要沒聽她的話，她認為她就是失去一個女兒了！這一點或許是跟她極度沒有安全感有關吧！」

「你怎麼想媽媽的不安全感？因你怎麼想它，跟你莫名生氣的原因或許有關。」

「我……因為想要獨立，希望她不要管東管西的，但同時我內心又萌生了——是罪惡感嗎？覺得不聽她的話，她會生氣、會對我失望，這樣的感覺很不好受。」

母女原來常為一個不是問題的問題而爭吵，表面的問題粉飾了真正的癥結：娜娜其實想要獨立自主，但對自己尚未有十足的信心；除了是因新手開車上路的信心不足之外，原來心中同時存有罪惡感。

我幫助娜娜整理她至目前為止的思緒：「你渴望獨立，但因為媽媽有著對分離的不安全感，使你萌生了對爭取獨立的罪惡感，而這份罪惡感阻礙了你想要勇往直前成為獨立，在心中就感到很阿雜，有股莫名的憤怒，是不是這樣呢？」

「對，就是這麼糾結！一見到她，我理智線就超容易斷掉！」為了抽絲剝繭出娜娜的糾結，我回應她：「娜娜，你想要獨立是件值得肯定的事；獨立代表我們找到真正的自我，找到自己想要的。但獨立的同時，你覺得要遺棄你媽媽，跟媽媽疏遠嗎？難道不可以——也獨立，也愛媽媽嗎？畢竟你永遠是媽媽的小孩。」

娜娜很同意的點頭：「我同意這樣的想法，我想獨立又不會被罪惡感給綁架。但當面對我媽的時候，我也許不會發飆，但也很難像現在這樣理性的講話！要好好吐出一句話，真的難如登天啊！一般的『吃飽了沒』、『我想去睡了』……或許還可以，說到要溝通，好難喔！」

◆◆◆ 讓孩子試著改變自己的情緒表達

當娜娜細細思索自己的處境時，她的思緒愈來愈清晰，也減少了抱怨。她不僅深刻體會到選擇用發怒或生悶氣的方式，處理她所困擾的問題，是永遠與她想要的「獨立」分道揚鑣。她也漸漸產生想要改變自己的情緒表達方式，以及與媽媽之間互動方式的動機，即便是內心仍然信心不足，直到過了一段時日……。

娜娜這一次來見我，心情看來顯得沮喪，她說了一段最近發生的事：

在一個補完習後已經感到累癱的晚上，回到家中進入自己的房間，媽媽隨後也進入，劈頭就問娜娜：「你是不是有喜歡的男生？我告訴你，你再過一年就要考大學了，你一定不可以在這時候，學人家談什麼戀愛！」一股怒氣頓時衝破了娜娜疲累的身軀，原因是一方面媽媽用指責和命令式的口氣來質問她，二方面是娜娜心中有數——媽媽一定偷看了她的日記。一時之間她很想向媽媽怒吼，但是她心中興起另一個聲音告訴她：爭吵、生氣，或是不吭一聲的冷戰，是舊模式，一點效用也沒有，更無法告訴媽媽，自己需要自主、需要被尊重。瞬間，娜娜冷靜了下來。

她看著媽媽，口氣平靜的說：「媽，我們到客廳去談談，我有重要的事情跟你說。」

事實上，娜娜的心跳加快，她感覺生氣、吵架比現在選擇的方式簡單多了，但她仍選擇向媽媽表達她的感受，媽媽顯然也很緊張，這不像平常女兒的方式啊！

娜娜和媽媽相對而坐，媽媽先開口，憤怒的口氣企圖掩飾內心的不安：「娜娜，你如果真的交了男朋友，我一定反對到底，沒有什麼純純的戀愛，男生想要的是你的美貌，是你的身體而已！」

娜娜語氣平靜而肯定，她看著媽媽說：「媽，我很謝謝你對我的關心，你關心我的學業，也關心我的安全，但是這件事我覺得我得告訴你……。」

娜娜停頓了一會，她覺得胸口一股莫名的壓迫感，但她努力地保持鎮靜。

「媽，你知道我很努力的對待我的課業，我對自己的未來是有所期待的。對於交男朋友，我沒有現在就要交，雖然我有注意到身邊有些男生還不錯。未來會怎麼樣，我現在不知道，但我會自己衡量很多事，因為我要學習對自己負責。」娜娜聽到自己堅定、成熟的語氣，也嚇了一跳，她繼續說：「媽，你不可以擅自偷看我的日記，日記是很個人私密的東西，你要尊重我。」

娜娜說完後有股輕鬆且穩健的感覺，但又覺得彷彿刺了媽媽一刀。媽媽似乎沒把娜娜的話聽進去，仍以慣有的憤怒說：「你現在還有時間注意男生？你該把時間把注意力放在課業上才是，等你上了大學，尤其是好的大學，一大堆男生讓你挑，還怕交不到男朋友嗎？」

娜娜很想重申立場，但她打消了念頭，她輕聲的說：「媽，我覺得你沒有聽我說……。」

話沒說完，媽媽站起來，大聲的丟下一句話：「你想怎樣就怎樣，我管不了你！」回到房間，重重的把門關上。

這時，娜娜的心被劃下一刀，並開始質疑自己：「我是不是說錯了什麼？我惹媽媽生氣了！我媽不理我了！我的下一步是什麼呢？」

◆◆◆◆陪伴孩子尋找親子關係放鬆時刻

聽完娜娜的描述，我問娜娜：「你終於有勇氣表達你的意見和立場了，這是很大的進步！但你是不是擔心傷害了你媽媽，或擔心你媽誤會你要疏遠她？」娜娜點頭同意。

我解釋：「當我們在一個緊密又糾纏的家庭關係中，開始分化出個人的自我時，反制行動是必然的過程，因另一方會發現這樣的改變是一種對關係的威脅，就會卯足勁要保持原有的方式，那就是回復老樣子囉，所以可能會有更多的反擊或指控。

但，非常確定的是：下一步棋仍然是操在你手中喔！」

「你的意思是，我仍然要堅持我的信念，像故障的唱盤不斷地重複提醒自己，絲毫不受媽媽反應的影響嗎？」

「沒錯，但在此同時，仍可以維繫你們之間的關係，也就是她是你媽媽，你是她女兒的關係！你覺得可以如何繼續維繫關係呢？」

「我想想……我媽喜歡看韓劇，我陪她看韓劇時，她很開心，我也覺得這段時間很放鬆……。」

娜娜的確選擇了改變與媽媽的關係，也同時改變了她過去憤怒的情緒反應。她堅持地表明要獨立自主，愈來愈穩健成熟、坦誠的表達想法、感受，同時在過程中，沒有離媽媽遠去，嘗試用各樣的方式來增進彼此的親密感！

心理師的暖心話

◆◆◆◆對憤怒隱藏的訊息做出適當的回應

經由對憤怒背後訊息的抽絲剝繭，娜娜明白了幾件事：第一、她想要獨立的權益或需求受到侵犯了；第二、自己並不滿意過去與媽媽的相處模式；第三、她想要改變與媽媽的相處模式。當娜娜堅信這樣的立場與想法時，她比過去更有自信，也成了她面對關係改變的重要資源！

其實不少人也像娜娜曾經歷過怒火漫過全身的感覺！尤其發生在難於切割的家庭關係中；彼此的關係是即親密又衝突、即不可分又常常對抗、即想改善互動又常常陷入挫折失望、即想表達在乎又常常失望想放棄。一旦憤怒滲透在關係中時，便有如毒害蔓延，使關係發展不僅受到阻礙，也會使個人深陷在痛苦中。

因此，能平靜的理解憤怒、學會對憤怒所隱含的訊息做出適當的回應，才能從憤怒中重獲自由，這樣的學習，無論對父母或孩子而言都是重要的。

◆◆◆◆釐清4個迷思，重塑家人親密關係

以下提供關於憤怒的一些破壞性迷思，當我們能清楚理解這樣的破壞性後，可以促使我們不選擇讓這破壞性的情緒影響家人間的親密關係：

迷思1、我的憤怒會逼對方作改變：這是一定不可能的！有不少的研究均顯示，對孩子使用體罰是無效的，體罰會造成害怕的孩子為了規避刑罰，而產生說謊傾向。憤怒也會令對方嚇得暫時配合你，但並不打從心底！

迷思2、我這樣對他是他活該：無論嘶吼、咆哮、鄙視，都是某種懲罰和霸凌的形式，並沒有人應該「活該」被這樣對待。

迷思3、發洩一下會讓我好過一些：事實上是發洩憤怒不會讓任何一方感覺好一些，只會不斷重複發生，讓雙方都感覺很糟糕。長期下來的憤怒，也可能影響本身的自我觀感，甚至開始不喜歡這樣愛生氣的自己。

迷思 4、我沒辦法，是他逼我的：要認清楚：這是一種「否認」和「遷怒」的心理防衛機制，想防衛的是：對憤怒行為本身以及內心無力無助的焦慮。事實上我們都知道：個人對自己的行為絕對有選擇權，而且必須對自己的行為負責。

憤怒的確常令人踩不住煞車檔而讓車子暴衝，然而憤怒本身是一種警告訊息，值得我們注意傾聽！當你有感受到自己或孩子的憤怒時，請放慢腳步，好好來釐清憤怒底下的來龍去脈及躲藏了那些被忽略的需求吧！

【親子的暖心練習】

憤怒的情緒，傷害親子關係至深，長期的憤怒更會影響自我觀感。

◎ 憤怒的當下，請放慢腳步

憤怒也是一種訊息，更是關係之間的一種示警，當自己或孩子都處在憤怒情緒中時，請放慢腳步。任何說想一想再說出口，任何行為先思考一下再行動。無論如何都會比衝動行事來得好，也有助於親子關係的修復。

◎認清發洩並不是個好方法

讓憤怒發洩一下是好事，其實是錯誤的觀念，因為光是發洩情緒，而沒有解決問題的話，長久下來只會讓親子關係更糟糕，也無助於個人的心理。

◎憤怒不會讓孩子改變

憤怒只是讓孩子因為畏懼暫時配合你，並不會改變孩子什麼，長久來看，對於孩子的行為或人格養成並沒有好處。要平靜面對憤怒不容易，但絕對值得練習。

家有暴力兒，怎麼辦？

用「小天使」與「壞精靈」引領孩子走出暴力偏差

面對家裡講不到一句話就大打出手的孩子，該怎麼處理呢？事實上，是孩子發出求救信號，身為父母的你應該找時間更深入了解，或找專家協助，幫助暴力兒一起走向自我控制的光明大道！

七歲的詩詩暴躁的情緒及暴力的行為反覆不斷發生。媽媽感到極度困擾，她深知已不能再用以前高壓的方式來壓制她，但不壓制的同時，暴力的情緒和行為卻更加劇烈。

在餐桌上，媽媽對詩詩說：「詩詩，吃飯不要玩手機！」此話一說完，隨即便是「啪」的一聲，媽媽來不及閃躲，就挨了詩詩的一個揮掌。過去，媽媽可能會大聲咆哮，或是也回給詩詩一個巴掌；然而，此刻，媽媽止住了這樣暴力回擊的行為，深呼吸了一下，對詩詩說：「你這樣，媽媽很不喜歡。」

詩詩把臉背過去，表情極不悅。媽媽再次說：「我不喜歡你這樣對我，如果你不道歉、不改善，我就不想理你了。」正當媽媽起身要離開餐桌時，詩詩把臉轉了過來，抱著媽媽，溫柔地說：「對不起！請你原諒我！」媽媽對詩詩再次好言相勸，同時也萌生了尋求心理諮商協助的念頭。

初期詩詩來見我時，總是緊貼在媽媽的身後，同時有一系列的分離儀式：要媽媽陪伴她、牽她的手到諮商室門口，在分離的那一刻，要媽媽緊抱著她，然後親她的額頭一下。完成儀式後，詩詩轉身和我一起。

和我單獨時，詩詩外表顯得拘謹，內在則是不斷的在觀察我和四周的環境，隨著諮商的次數增加，詩詩漸漸地外放許多，並經常爭取互動時的主導權。經過了一段時間的互動，這一次，我決定「挑戰」她的主導權。

「莫老師，我們來玩扮家家酒，你當客人，我當老闆。」詩詩用期待的眼神看著我。

聽完，我的臉部表情垮了下來，抗議的聲調說：「我不要，這個玩很多次了，不……好……玩！」

「啪」一下，閃躲不及，我的頭被詩詩揮掌擊到了。

「唉呀，我的頭好痛！」我故意放聲大叫，表示真的很痛的。

「活該，誰叫你不聽我的。」詩詩不耐的表情回我。

「我說『不好玩，要玩別的』，你就生氣了。」我的手仍然抱著頭。

說完，詩詩又拿起一件物品往地上砸，零件頓時解體，詩詩眼神同時飄向我，示威的神情像是向我挑戰我的極限。我用堅定的態度對詩詩說：「我不聽你的話，你好生氣喔，打我的頭、又砸我的東西。可是……這和我之前認識的詩詩不一樣，這到底發生了什麼事？」

「我有時候是小天使，有時候又是壞精靈……我媽媽說的。」詩詩來回踱步邊回答我的話。

詩詩的溫和體貼和憤怒暴力，就在瞬間轉變，如此極端的表現被媽媽形容成是「小天使」和「壞精靈」，而且彼此之間是無法共存的。

◆◆◆◆ 任何有暴力行為的孩子都有一段過往

媽媽曾經提供我過往父母對待詩詩的方式：「在詩詩六歲以前，我和先生感情很不好，經常爭吵。而且他十分不能忍受小孩的聲音，只要小孩大聲一點，他會衝前去，喝止小孩。每次我看見這種情況，我的心臟都快跳出來了，我不知道哪一天他會失手把小孩打傷。因為這樣，我對詩詩常常耳提面命，她的一舉一動的都被我管控得很嚴，我覺得她被我帶得……不像一般天真的小孩，她很會看臉色，迎合別人，可是又很容易暴怒，尤其是近來，我覺得她暴怒的頻率和方式，愈來愈嚴重。」

我了解了：原來詩詩的內心一直期盼自己是一個爸媽心中「完全好」的小孩，「完全好」是不能容忍自身有一些些的不好；一旦有一些些的不好時，頓時全盤反轉為「完全不好」。詩詩帶著「非黑即白」的自我觀念進入這世界，她看自己是如此，看這世界亦是如此。

我決定分別和「小天使」、「壞精靈」聊聊天，希望讓白中容忍有黑，黑中也可以容忍有白。

「壞精靈，你用了很激烈的方式來表達你的想法，你想告訴我『要我聽你的』，可是這樣我就沒辦法聽你的，你知道嗎？」我用了極溫柔的語氣。

「哼～～你就是要聽我的！」詩詩的態度仍然堅硬。

「喔！是嗎？但我認為朋友是：有時候我聽你的，有時候換你聽我的，這叫『你好、我也好』。」說到「你好、我也好」我用了指了一下她，再指回自己。我停頓了一會，觀察一下詩詩的動態，只要她沒有再更激烈的反應，我就決定再繼續說。

我放慢了節奏說：「如——果，你——不——把——我——當朋友了，唉～～這些所有有趣的遊戲就我自己一個人玩了，好無聊喔！還是——我要找別人來跟我玩呢？」後面的那一句話像我在跟自己自言自語似的。

詩詩這時馬上撲到我身上，用祈求的語調說：「對不起！對不起！」

◆◆◆◆透過遊戲崩解孩子的「非黑即白」自我觀

我兩手緊握她的肩膀，對著她說：「你想跟我玩，是嗎？」詩詩用急促的音調說：「我想跟你玩，我想跟你玩！」

「我也想跟你玩，也想跟你說的『壞精靈』玩，我了解她，她只是有一些壞習慣，改過來，就好了。」我所傳遞的是「黑中有白，白中有黑」，壞精靈可以和小天使共融。

「壞精靈不可愛，我不要變成壞精靈，我要永遠當小天使。」詩詩以撒嬌的口吻說著。

「是啊～～小天使最強，她是不會怕壞精靈的，即便有壞精靈存在，她還是一樣是好天使。」

「為什麼？」詩詩不解的問我。

「因為她有很多很多的好，有一點點的不好，有什麼關係呢？」我不完全地肯定詩詩是一個完全好的天使，而我也不否定壞精靈的存在，讓好與壞之間能整合成一個更強大的自我。

「把你左手和右手的小手指頭伸出來，左右兩手打勾勾。」詩詩按著我的指令做，我接著說：「小指頭在下面打勾勾，上面右手的大姆指代表你的小天使，左手的大姆指代表是壞精靈，把你的右手大姆指放在左手大姆指上面，摸摸她，對她說……。」

詩詩很專注的照著我的話做，並一句一句，重複我的話：「你有時候不乖」、「可是我還是很愛你」、「因為我們是一起的」、「我會幫助你」、「我們一起學習、一起變強！」

當她說完後，她溫柔的問我：「我們可以玩了嗎？」

「你想玩客人老闆的遊戲，還是別的？」

詩詩認真的想了一下說：「這次玩客人老闆遊戲，下次再玩別的，可以嗎？」

「好啊！你有考慮到我想玩什麼，這樣叫作『你好、我也好！』」我肯定她也接受了她的提議。

在下一次的諮商時，果然她記得上一次的承諾：「今天我們不玩客人老闆遊戲，你想玩什麼？」因為先接納了詩詩的不好，讓原先分裂的小天使和壞精靈逐漸進入整合的狀態，詩詩就變得更有力量面對挫折，在完美中可以容忍不完美的存在！並引導她「你好、我也好」的相處模式，使她跟媽媽的互動，也逐漸減少用情緒控制的方式。

心理師的暖心話

◆◆◆◆面對「犯錯」時的正確心態更重要

當我們還是小孩時，因著好表現，而獲得星星、蓋章或掌聲，在當下眼神散發著的是無法言喻的開心。因此，我們內心中總想著要追求成功，避免失敗。因為一旦失敗、不及格、未達標準，就得不到爸媽的關注了。

弔詭的是，從小我們也被灌輸「失敗為成功之母」之類的口號。然而，這樣的「座右銘」往往和我們所親身經驗的是不一致的，尤其是在強調分數主義的社會更是如此。試想：當孩子忐忑不安拿著滿江紅的成績單要給父母看時，父母剎那間從錯愕轉為生氣的表情：「你是怎麼考出這種分數的？你到底有沒有在用心讀書？」父母的腦海裡幾乎被焦慮、挫敗、生氣的情緒淹沒了，而孩子呢？面對此時此刻的心情又是什麼？內疚、羞愧、生氣、無望。

父母的焦慮矛盾心態，其實很容易被孩子識破！我經常聽見諮商的孩子說：「大人滿口說不在意分數，那是騙人的！我要是考不好，還不是會被唸的滿頭包？」從大人的眼光中，孩子所看到的是「我對你不滿意」、「你還有很多做不好的地方」、「你到底有在努力嗎？」等等。如此一來，親子間關係的裂縫更為加劇烈。

父母或許本身也很害怕面對「失敗」或「犯錯」，或者是由於缺乏好的「失敗」或「犯錯」經驗，因此，父母不知如何回應孩子的「失敗」；以至於父母不是反應出焦慮生氣的情緒，不然就是以逃避方式，輕描淡寫地當成沒事發生一般。

然而，「失敗」是絕對有意義的，因為它提供「學」與「教」的機會。當孩子不再害怕「失敗」而產生防衛，願意在父母的協助下從錯誤中「學」，這是很重要的價值。此時，父母扮演「教」的重要角色：引發孩子的學習動機、嘗試不同的方法、從錯誤中找到線索、扮演孩子的啦啦隊、激發孩子不放棄的心。最重要的是，父母為孩子學習承擔一切的「風險」：「孩子，你全心全意去學，爸媽全心全意的教！過程中若有任何閃失或代價，爸媽會承擔負責任！」這樣的態度，傳遞出一份深層的安全感與信任感，對孩子不畏艱難、勇往直前的心是極重要的。

【親子的暖心練習】

以下，提供方法能在家中推行「愈挫愈勇」新價值運動：

◎ 請父母多跟孩子分享自己失敗的故事或經驗

我們陪伴孩子讀過很多偉人的成功故事，如愛迪生發明的故事，希望孩子從中獲得啟發不怕失敗；倘若父母能加入自己從挫敗經驗中學習的故事，以及如何看待自己的挫敗，這樣的故事典範將比古代或當代的偉人更有影響力。

◎ 舉辦進行式中的慶祝會

成功時，慶祝歡呼是常有的事，然在進行式中的小步成功，是常被忽略的事。這其實是暗示孩子：結果比過程重要。所以，當孩子願意嘗試並認真努力，且還未有最終的成果時，則可以在過程中給予鼓勵，如舉辦四分之一、二分之一成功慶祝會。如此一來，慶祝會傳遞的訊息是：有好的過程則會有好的結果。

◎頒發「愈挫愈勇」獎

成功有獎是天經地義的事，愈挫愈勇有獎的意義則是鼓勵孩子冒險、嘗試、挑戰、永不放棄、不怕失敗。所以，去嘗試了，結果失敗，雖然得不到外在的獎勵，但是在家中永遠為你設立一個愈挫愈勇獎！在我帶領的兒童人際團體中，有一次進行了一個「犯錯練習」的遊戲，活動的任務是抽到犯錯題時，則要想辦法犯錯，例如算術中的加法加錯、問答題故意答錯等等。當有人回答錯誤的答案時，我立即大聲肯定的說：「恭喜你，你答──『錯』了！」然後發給他一張「犯錯學習卡」。累積到數量時，我們就可以開慶祝會。好幾回合後，我問成員：「你們覺得被打叉的感覺如何？」一位追求完美，不接納自己犯錯的國小四年級男孩說：「太開心了！因為對的答案只有一個，錯的答案可以有好多個！」這真是充滿哲理的話呀！人的一生若都在尋找共同標準答案，豈不就錯失了充滿創意及能量的人生？

我不是裝病，我需要的是協助⋯⋯

運用天龍八步幫助強迫症孩子心想事成取得自我認同

到底是孩子裝病？或是真的有強迫症？其實父母仔細觀察，應該可以覺察出來。這時若是逼他們去做他們不想做的事，只會開倒車，還不如運用這裡教的「天龍八步」，引導孩子一步步走出病症的困擾。

小黎是國中九年級的孩子！

這幾年來，他身受強迫症所苦，不但在行為方面，更是在想法上面，例如說：他要去洗澡，他必須不斷地把每個洗澡的程序及細節，想了又想，深怕是否漏掉什麼？錯置了什麼次序？動作是否夠標準？想到最後，他總覺得不夠，以至於最終也無法洗澡！爾後又陷入更深的憂鬱與焦慮中⋯⋯。

除了深受病情所苦，他也曾經歷一段慘痛的經驗⋯⋯。

◆◆◆◆斯巴達管教只會讓強迫症更嚴重

「去年有一天，伯伯、姑姑們來家裡，他們在客廳討論我的病情，他們對我很不以為然，認為我是沒病裝病，偷懶不想去上學……。他們七嘴八舌地討論著，認為爸爸、媽媽把我寵壞了，不能順著我的想法，必須強制我去做應該的事情。最後，伯伯提出一個建議，就是要帶我回他台南的家住一個月，他要好好的訓練我！」小黎在諮商時對我陳述這個故事。

「後來呢？」聽到這裡，我有一種不好的預測，小黎即將面臨的是「斯巴達管教法」。在社會上有為數不少的人，深信行為的問題，都是「裝傻的……打下去看你還敢不敢。」

「爸爸、媽媽拗不過他們，就讓伯伯帶我去台南他家住一個月，我當時感到很無助，但是我沒有選擇，他們幾乎是強行把我帶走。我的內心很害怕，如果反抗的話，我會死得很慘！到了台南，他們首先給我一個生活工作清單，要我照表操課，如果沒有照著做的話，他們說會讓我好看！」

聽到這裡，我難以置信，隨即向陪同在旁的父母確認，他們點點頭，接著解釋他們不知道情況會這麼嚴重！

「我看著他們所列的工作清單，對我真是晴天霹靂，我原來就有許多做不完的『應該』，現在又跑出來天文數字的『應該』，如果原來的『應該』是陽明山，現在我所有的『應該』像玉山，甚至是喜瑪拉雅山。我看著這份清單，跳出數不盡的『應該』，好像是被一顆巨石壓在小小的身軀上。但是更慘的是，我有如奴隸或囚犯般，落在鐵面無情的行刑者手中，沒有任何人可以救救我。在這種無法前進、又有追兵的日子中，我發現我的情緒更加焦慮，想法及行為更加的強迫……有時候，害怕『被打』贏了，我好像能夠做一點；有時候，害怕『做不好』贏了，我的強迫想法跟行為也更多了。我反反覆覆在這兩個矛盾中，我的情緒逐漸惡化，我開始無意識的抗拒爆發，有種豁出去的感覺，即使因此造成更大的壓制，但是我發現自己愈來愈不在乎……。」最後小黎就再被送回台北了。

「雖然你的內心很害怕，但是當你被逼到牆角，有嘗試奮力一搏嗎？」我適時的切入，因為這時候爸媽似乎要為伯伯解釋什麼，但是我知道小黎需要的是同理與支持！

◆◆◆◆「關愛與想要」才能緩和強迫症狀

「我也不知道我哪裡來的力氣跟膽量，那時候我真是豁出去了！但是這股力量現在不見了，我很害怕他們又會來我家把我抓去！」他說這句話的時候，轉頭對著爸媽怒目相視……好像在說，你們還會這樣做嗎？

「爸爸、媽媽，小黎的問題不是偷懶，他遇到的麻煩是強迫症。強迫症來自於長期的焦慮、不安，他的內心有太多的害怕與『應該』，用打罵或處罰是沒有幫助的，反而會使症狀更為嚴重。你們可以答應一件事，就是跟小黎承諾，他被抓去的惡夢不會再發生！」我跟小黎站在同一陣線上，他非常需要安全感。

「我們會保護他啦！伯伯其實也沒有什麼惡意……。」這話一出，就被我即時切斷了。

「伯伯也許沒什麼惡意，但是他使用的方式卻使小黎的病情更加惡化，你們剛剛也聽見強迫症背後的驅動力，來自於無止境的『害怕與應該』，然而，小黎所需要的驅動力，卻是來自『關愛與想要』。」我說到此，被小黎打斷。

「老師，你講『關愛與想要』講過好幾次了，但是我的爸媽聽不懂耶！我過去也不太了解，但是我最近有些體會你所說的『關愛與想要』。最近我迷上一種手遊，就是寶可夢。我玩著玩著，覺得自己這樣玩遊戲好像很不應該，但是發現爸爸沒有責備我，光是這一點，我就感受到你所說的『關愛』。更重要的是，我發現每次在想要去哪裡抓寶？抓到了哪些寶？我走了多遠的路？我的強迫症狀竟緩和了許多！真的耶！想要去做一件事，跟應該要做一件事，真的很不一樣！」

◆◆◆◆ 用天龍八步幫助孩子遠離強迫症

爸爸此時開口說話了：「但是，有時候你抓得太晚了……。」我沒等爸爸說完，即打斷了他的話。

「小黎表達的重點是，他體驗到『關愛與想要』如何幫助他自己脫離強迫症的捆綁！爸爸，你好像習慣性地去看孩子的『缺點』，內心中對孩子有許多的『害怕與應該』，以致於在教養上有太多的焦慮！」我也直接對爸爸做了如此的對質，而爸爸也以點頭作回應。

小黎開始明白了理解自己的想要是很重要的，同時這也表示關心自己的想要而不是一味的強加要求給自己，然而，其他重要的他人若也能支持自己的想要，將更增添一股行動的力量。小黎率先比爸媽還更快理解此奧祕，在他眼中我看到一股彷如看到了曙光的眼神。

「爸爸、媽媽，基於『關愛與想要』來陪伴孩子的方式，我簡短的說明，之後我們可以一同朝此方向前進。這一套作法，我稱它為『天龍八步』，用此來協助孩子練功，目標是使他能『心想事成』，這八步是：第一步：幫助孩子釐清他想要什麼？第二步：幫助孩子覺察他在做什麼？第三步：跟孩子一起去探討他正在做的對他有幫助嗎？第四步：跟他合作擬定計畫、第五步：邀請他對計畫做承諾、第六步：沒有藉口、第七步：沒有處罰、第八步：永不放棄。」

「謝謝老師，我們一起努力，在小黎身上實踐『天龍八步』，使他能心想事成！」爸爸也用肯定和充滿希望的口氣如此說！

心理師的暖心話

◆◆◆◆啟動孩子心中「想要」，到「心想事成」

故事中提到的「天龍八步」，它源自於美國心理學家威廉·葛拉瑟（William Glasser），他以現實治療法創立者的身分為心理學界所熟悉。同時，他也是一位教育學家，他的理論應用於教育界時獲得極大的肯定，尤其對象是國高中生的青少年族群。

在威廉·葛拉瑟的理論應用中，最強調的是「良好的關係」，無論是親子、師生、夫妻等等，唯有建立起信任與尊重的關係，改變才始能發生。

根據威廉·葛拉瑟的形容：「在學校裡有行為問題的孩子，都只是孩子跟生命中的大人之間因為關係不良而選擇表現出來的行為方式。這些孩子的腦袋並沒有任何問題，有問題的是在大人尚未跟孩子建立足夠強烈的關係及改變自己的教育方式之前，便試圖用強迫式的方式逼他們去做他們不想做的事。他們愈被強迫，就愈抵抗；他們愈不快樂，抵抗的就愈厲害；而他們愈抵抗，還未覺醒大人就愈想用外控的方式來對付他們。也就是大人做得愈多，事情就變得更糟糕！」

威廉．葛拉瑟提出以下七種外控的方式，這是會摧毀大人與孩子間的關係的方式：批評、責備、抱怨、嘮叨、威脅、懲罰及利用獎賞控制別人。威廉．葛拉瑟告訴大人們要停止這七大外控方式，轉而採用七種建立關係（或他所提出的「選擇理論」的習慣）：關懷、傾聽、支持、協助、鼓勵、信任及親近。最終的目標是讓大人與孩子關係能彼此連結。

小黎的故事中所提的天龍八步做法，則是根基於良好關係的延伸下，引導激勵孩子啟動他心中的「想要」，以致能「心想事成」，最後產生成功的自我認同。

以下逐一介紹這八步驟的核心想法與做法：

第一步：問孩子：「你想要什麼？」：由大人以陪伴孩子去想：他想要的是什麼，能讓未來會比現在更好；而非用大人的大腦去遙控孩子的大腦，這是提升孩子自主性的首步。威廉・葛拉瑟提出人有五種基本需求，分別是：生存、愛與隸屬、權力、自由、快樂，我們的行為是由這些內在需求所驅動的，最終期許能滿足我們的需求。

也許有些孩子能立即告訴你他的想要或目標，有些孩子會回答：「我不知道！」回答後者的請大人不要著急，這表示孩子需要更多的認識自己或探索。大人只要在旁鼓勵孩子踏上跟自己連結、尋找自己的旅程，終究必尋見的。另者，大人可以協助孩子認識自己的方式是透過日常的互動。例如：孩子在分享同學相處的事時，大人可以專心傾聽，將所聽見的再回饋給他，譬如：「你的好朋友吵架了，你會當他們中間的橋梁，會希望把他們的關係喬好……。你內心希望朋友間能維持好關係，對嗎？」透過日常的互動、對話，量愈多品質愈好，漸漸的孩子會發展出自己的想法，包括他的想要。

第二步：了解孩子正在投入的是什麼「你正在做什麼？」：這是進一步幫助孩子去洞察自己的狀態，收集實際的現狀。

第三步：問孩子：「你正在做的對你有利或有弊？有何幫助？」：不僅是孩子，一般人當面對想要的，不一定能馬上做得到，甚至還會有不一致或失控，而身陷其中難於自拔。因此，這一步驟乃幫助孩子洞察所想所做是否一致呢，是否有與其所想要的背道而馳。例如孩子說他想要作息正常早睡早起，而實際的他因看漫畫而拖延了睡覺的時間。

第四步：跟孩子合作擬定計畫：當孩子已經有一個目標後，也評估了他的現狀，再來是協助他訂定良好的行動計畫。大人是以搭鷹架的合作方式，肯定他的處理能力，放手讓孩子去做其能力所及的，就算他選擇錯誤或失敗了，記住從錯誤中也能學習珍貴難忘的經驗。

第五步：邀請他對計畫做承諾：這一步可以請孩子列出支持者的名單，並邀請他們成為計畫的支持者，一來公開給孩子信任的支持者，二來支持者也能給予孩子加油打氣。

第六步：沒有藉口＋第七步：沒有處罰：大人們請換位思考一下：當計畫失敗時，孩子若提出藉口是正常的，因為在過去長年累月下，他需要想出一堆理由來面對別人對他的質疑或否定。因此，「天龍八步」強調沒有藉口，也沒有處罰，不僅如此，還需要以同理心去思考失敗的原因。新手上路，請多多包涵，這也是正常的。

第八步：永不放棄：這是「天龍八步」最重要的精神，失敗後再修正做法，鍛鍊自己比結果更重要。

【親子的暖心練習】

◎ 以同理與支持看待孩子

當孩子行為有異常時，爸爸媽媽首先不要急著矯正，或是以負面的眼光看待，先以同理心理解，並站在孩子的立場支持孩子，再尋求專業的協助。

◎ 給予孩子無限的關愛，錯不了

每一個孩子需要的都一樣，就是足夠的關愛。爸爸媽媽可能覺得自己已經付出所有，給了所有的關愛，但若不是一個孩子能夠感受的方式，其實對孩子來說只是一種負擔喔！

◎ 幫助孩子釐清想要什麼，一步步陪伴著前進

不管是強迫症或任何有情緒困擾的孩子，陪伴著他找出心裡真正想要的，好好運用「天龍八步」讓孩子能夠逐漸認識自我，壯大心中的能量心想事成。

CHAPTER 02

了解孩子的追尋

很多父母因為孩子表現一些惱人的問題，
例如：做事情拖拖拉拉、老是忘東忘西、突然不想上學等，
進而覺得自己的孩子很難帶……但事實是如此嗎？
其實，孩子自己也被「問題」所困擾而走不出來，
身為父母的你該怎麼做呢？

我被問題影響，但我不是問題

幫助孩子跳脫「我是失敗者」的負向自我認同

「自己要對自己的問題負責」聽起來不是天經地義的事情嗎？但事實上，有些大人都做不到，怎麼能強求一個被「問題」困擾 的孩子做到呢？與其指責，還不如協助他先轉移到自己所擁有的能力，再一步一步解決。

小杰從小學開始，無論起床、吃飯、洗澡、寫作業等等生活作息，老被旁邊的大人們催促：「快一點！」、「不要再拖拖拉拉的！」久而久之，父母在心裡開始叨唸：到底是孩子對生活大小事一點都不在乎，還是因為父母過度地窮緊張，導致小杰養成了被動的習慣？天天催促的戲碼不停上演著，直到小杰升上了國中……。

「他說補習太累，就停掉補習，他說之前的學校太嚴格、功課考試很多，也給他轉學了。然而，到頭來，他對學習還是很不積極，我跟爸爸都一致認為：『最大的敵人是他自己』，他若沒有改變，吃虧的是他自己，以後也很難出去在社會上跟別人競爭了！」

阿杰媽媽的這一番話，我從不同的人身上聽到不下一百次，還是一千次，總之多到數不清了。言語中想要表達的是：不能怪他人或環境，都是自己的問題。這樣的說法乍聽之下是言之有理的：「自己要對自己的問題負責」不是天經地義的嗎？然而這樣的觀點套用在一個長期和問題攪和在一起的人來說，非但沒有增能（enabling，心理學名詞指增強能力）及激勵的作用，反而會使其深陷於「我是失敗者」的負向自我認同，伴隨著羞恥、沮喪、絕望，日復一日。同時身旁的協助者亦失望又生氣，以致雙方的關係更是被問題搞得分崩離析、烏煙瘴氣。

◆◆◆ 協助孩子不將自己視為問題人物

小杰媽媽聽完以上我對「最大的敵人是自己」的補充觀點後，自然會像一般人的下一個回應：「那我們要怎麼做呢？莫老師，要請你幫幫忙了，幫我們跟小杰勸導一下，不要老是對什麼事都漫不經心、拖拖拉拉的。」

當我與小杰見面時，我提及了媽媽的擔憂與困擾，並問小杰他對此問題的想法是什麼？小杰說：「我同意媽媽所說的，很浪費時間，一事無成。」

小杰直接說出這問題帶來的不良後果，這似乎跟媽媽說的小杰做事常常不考慮後果是南轅北轍，我進一步再挑戰小杰的想法：「你覺得浪費時間又一事無成有很重要嗎？有些人可是抱持著及時行樂的想法，覺得辛苦的事以後再說吧，或船到橋頭自然直啊！」

小杰很嚴肅又無奈的搖搖頭：「我不想浪費時間，想把該做的事趕快做完，就可以做自己想做的事，可是我卻拖拖拉拉，爸媽、老師常說我很散漫。」果不其然，言詞中小杰有很多的挫敗感，連帶對自己無力改善這些問題亦感到沮喪。

我第一步想收集的資料已經收集到了——小杰對自己的現況其實不滿意，同時對自己表現不好也感到沮喪無力。接下來，我希望為小杰增能，以有足夠的動能來面對自己拖拖拉拉的問題，其中最重要的核心就是必須協助小杰不將自己視為問題人物。

「小杰，你其實對自己目前的狀態很不滿意，具體來說是對自己拖拉的壞習慣感到不滿意，對嗎？」

小杰馬上點頭表示同意，我接著說：「說來說去，就是『這個』拖拉壞習慣從中作梗，影響我們沒好日子過，一下被唸、一下被處罰，又害我們沒辦法做想做的事……，除此，它還對你造成什麼影響呢？」

「我覺得『這個』拖拉壞習慣不改，我沒有好日子過，每天總是要補一大堆功課，補到最後，我覺得很累很煩，而我……會想逃避，還會說謊，這已經很嚴重了！」小杰的回答印證了：他對「問題」很熟悉，並知道很多「內情」。

◆◆◆◆跟孩子一起訂立計畫，強化自信心

我聽見小杰借用了我的起首句：「這個」拖拉壞習慣，乃是以第三人稱來形容問題。這意謂著他正視這問題的存在，且用保持距離的方式來看待它。

我帶著驚嘆又充滿挑戰的口氣說：「果然『這個』拖拉壞習慣不是普通身分啊，但是他遇上我們，算是他的不幸吧！」

小杰瞪大眼睛看著我：「你有方法嗎？」

「當然有，我們需要一同來擬定一個計畫，你負責幫這計畫取一個你想要的名稱，就是——小杰 vs. 拖拉壞習慣什麼什麼計畫？」我邊說邊用左右手勢來代表兩方，左方手勢代表小杰，右方手勢代表拖拉壞習慣。

小杰眼珠一轉計上心來，很開心的說：「就叫作『天空龍作戰計畫』！我喜歡遊戲王卡的天空龍。」

「嘩～～這是一個很酷的名字，這作戰計畫的目標是擊退拖拉壞習慣。接著……我要問你一個問題，你注意聽喔：你是否有信心執行此計畫，最終目標是擊退拖拉壞習慣呢？」

一談到評估信心的強度時，小杰兩眼直視我，一掃剛剛開心的心情，顯露的是淡淡憂傷的表情，沉默不語。

我先假設小杰對於這問題的回答是陌生的，於是以幽默的口氣來示範可以如何確認信心：「問起信心，有些人毫不猶豫的說：『我有信心，因為我就是某某某』或『看過來！看過來！看我這塊肌肉就知道了。』等等。有信心的原因是什麼？只要自己說了就算！」

小杰對自己能成就這事信心是不足的，但聽了我的示範後，似乎啟發了某些靈感，帶著調皮口吻說：「我有信心，因為我是屬老虎的，暴衝力很強。」

◆◆◆◆ 請求家人支持，強化改變的動機

小杰的信心來源除了自己，重要的還有家人，所以接著我問小杰：「屬老虎的小杰，關於此計畫，你覺得爸媽對你有沒有信心呢？」

小杰又再次呈現支支吾吾狀，我說：「該不會你認為他們對你沒有信心吧？」小杰馬上點頭說是；雖說改變是小杰個人的事，但身旁親朋好友的支持會更能讓動能加倍提升，因此我說：「我們何不來問問他們呢？」小杰不反對。

在我簡略向爸媽說明後，我請爸媽表態對小杰的信心如何，媽媽第一個說：「我對小杰有信心，因為他想要做的事就會做得很好。就像他幼稚園時，有一次在夜市裡走丟了，他很勇敢，冷靜的走進一間商店請老闆打電話給媽媽，就這樣成功的找回我們了！」

說起這個走丟的故事，你一言我一語的，活絡了大家的回憶。

換爸爸說了：「我對小杰執行這個計畫也很有信心，因為他曾經參加演講比賽，在比賽期間，他很努力的背稿，接受指導訓練，反覆練習，他表現很認真！」

在充滿信心及正向的談話氛圍中，原先被問題所切斷的家庭關係再度的凝聚起來，喚起小杰過去成功的經驗，爸媽的眼光也重新定位在小杰的能力上。

從諮商對話中，小杰不僅重新看待了他跟問題之間的關係：問題就是問題，問題不等於他，並且也獲得了解決問題時所必備的信心！往後，心理師及父母充當了小杰的教練，支持他、陪伴他、在旁給予適當的協助，最重要的是小杰積極的參與了「天空龍作戰計畫」，直到問題不再困擾他。

心理師的暖心話

◆◆◆◆ 將焦點跳脫「問題」轉向「解決」

當孩子陷在「問題」中打轉時，會容易因被旁人貼標籤，誤以為自己是問題者而引發自我認同的焦慮：「我就等於問題。」自我認同的焦慮一旦形成，心理的防衛機制也會跟著來，例如：合理化（我會這樣是因為……）、否認（不是我）、遷怒（都是別人害的）等等，如此一來，互相責怪、對立的關係也會隨之形成。

在心理諮商學派中，有一派稱作「焦點解決學派」，其核心理論是我非常讚賞的：與其在「問題」中著墨，追討問題，不如轉而去想如何「解決」。當轉向「解決」方向去積極思考時，無形中，猶如打開一扇希望的窗，不會被問題所困，轉為自信、有希望、有動機、有方法，如此一來，我們就不會害怕面對「問題」了。

在細談如何轉向焦點解決的作法之前，我先來說一個故事，這是真實的案例。

一天，一對非常憂心的父母，來找一位有名的催眠醫療大師——米爾頓．艾瑞克森（Milton Erickson）。原因是他們六歲的女兒，有偷竊行為，父母希望艾瑞克森能用催眠術來改掉女兒的偷竊行為。艾瑞克森聽了他們的訴求後，並沒有急著答應要為小女孩做催眠，但是他問了父母幾個問題：

1、這個小女孩最擅長的是什麼？

2、她六歲了，到目前為止，她學會的是什麼？

3、在其他人的眼中，她有什麼優點？

在問完父母這些問題後，艾瑞克森說：「我會寫一封信給這小女孩。」於是他就開始寫了這封信，信的內容大約如下：

親愛的蘇姍：

我是你六歲的精靈，我認識你，也知道你有好多好多的優點，你會——（根據父母提供的內容），你最擅長的是——（根據父母提供的內容），在許多人的眼裡，你是一個很棒的小女孩，別人對你的印象是——（根據父母提供的內容）。然而，我也知道你有一個問題很困擾你的父母，可是我偷偷告訴你，你過了七歲的生日後，這問題就會不見了！

你六歲的精靈上

當小女孩從父母的手中收到這封信後，她露出興奮的表情，迫不及待地回信給她六歲的精靈，內容是這樣寫的：

親愛的我的精靈：

謝謝你寫信給我，我快七歲了，在我生日的那一天，我會辦一個生日派對，我想邀請你來參加我的生日派對。另外，有一件事情你猜錯了，還沒七歲的那一天，我的問題就已經消失了！

蘇姍上

六歲的精靈（艾瑞克森）會如何回覆小女孩的邀請呢？艾瑞克森很聰明地如此回覆了：

親愛的蘇姍：

謝謝你邀請我去你的生日派對，我很抱歉我沒辦法去你的生日派對，因為我是你六歲的精靈，你七歲時，我就不是你的精靈了。

你六歲的精靈上

這是艾瑞克森有名的案例，小女孩的偷竊行為就這樣改善了。

◆◆◆◆幫助孩子看見自己所「擁有」的

無論是小杰的故事，或是艾瑞克森與小女孩的故事，皆非著眼於「問題」上，然而是什麼因素或步驟促發了改變呢？

先看到「擁有」什麼帶來改變的「自信」：只談問題往往會令人只看到自己的

不足或缺失，而忘了事實上：不足之外仍有許多值得讚賞的。因此要談改變，自信是重要也是首要的，發掘及珍惜自己的擁有是產生自信的基礎，就如同我引導小杰看見自己的優點，艾瑞克森發掘小女孩的優點並回饋給她。父母看孩子的眼光，對孩子的自我形象絕對有重大的影響；父母由衷地欣賞孩子，不僅是言語，亦能從眼神、表情、肢體動作中傳遞出來。

對未來感到有「希望感」帶來改變的「動力」：繞在問題中打轉經常會因挫折、擔憂而裹足不前。反之，協助孩子勾勒出對未來的憧憬、夢想、比現在更好的圖像，這股從內而發的力量才會著實地帶領人繼續往前行，就如引導小杰想像當他可以按部就班把該做的事做完時，他是如何的輕鬆自在；小女孩想像著有魔法的精靈來對她說：「你過了七歲的生日後，這問題就會不見了。」因此，大人可以引導孩子善用想像力，具有五感的想像，彷彿已從現在穿越到了未來，未來是多麼地令人渴望；並且把想像的內容寫下或畫出來，愈具體愈好。可以這樣邀請孩子來想像：「此時此刻，困擾的問題已經消失了，現在的你是如何的不同呢？」

改變是將「問題」轉為「技能」：如何看問題的觀點是影響孩子改變的最重要

因素，例如「怪罪」、「自責」、「否認」都容易使我們和改變擦身而過。精靈形容小女孩的問題時，並沒有把問題看得太輕，亦也沒有把它看得太重，他提示了「過了七歲的生日後，這問題就會不見了！」意思就是問題的改變掌握在自己的手中。因此，若換個角度想，任何我們自身的問題或壞習慣，視為有待學習的「技能」，只要學會某方面的技能，問題自然就迎刃而解。在小杰的「天空龍作戰計畫」中，也列出了好幾個要學習的技能，而且不是一蹴可幾，需要不斷地練習，列舉如下：自己設定鬧鐘起床、鼓勵自己起床就能吃一份好吃的早餐、準時上床睡覺。

集結支持者更有利於改變：在場上比賽的運動員，都需要贊助和啦啦隊的加油以提升自己的士氣，在生活中與自己、問題奮戰的孩子同樣有此需要。原因是人與生俱來都有和群體連結的需求，尤其是關係親密的家人、師長、朋友。小女孩在面對問題時，打從心底她知道，有一位精靈默默地在關心她和支持她。在協助小杰的過程中，我也力邀小杰的爸媽當他的後盾。支持者的角色是：當個稱職的啦啦隊、關心學習技能的進度、分享的成果和喜悅。

【親子的暖心練習】

有時候連爸爸媽媽自己也會有盲點的，有時也會過度求好心切，反而讓親子之間的關係受到影響。

以下有幾個建議，還請父母從自身的態度開始改變、開始練習，一定能幫助到孩子。

◎ 爸爸媽媽不膠著在問題上，避免孩子自我否定

爸爸媽媽往往過於急切的想要矯正解決孩子的問題，但是無形中當焦點放在問題有沒有解決的層面上時，孩子往往會在一次又一次的催促與責備中，逐漸自我否定，到最後甚至將自己與問題劃上等號，甚至產生焦慮的負面情緒。父母應該站在協助孩子的立場，而不是覺得光是提醒或責罵就能改變。

◎ 與孩子站在同一陣線，一起發現優點，加強動機

常說做事情要有方法，面對孩子也是，當問題產生時，孩子也在負面的情緒中時，爸爸媽媽可以稍微放下身段，和孩子一起發現自己的其他優點，增加孩子的自信心，並且一起描繪出當問題改變後，會是什麼樣的狀況，讓孩子心中有具體的想像，就能成為一股動力。

◎ **當孩子最強大的後援**

當孩子一步一步朝著問題的改善之路邁進時，爸爸媽媽別忘了當一個最給力的啦啦隊，支持他繼續進步。

同學做了壞事，我要當抓耙子嗎？

引導孩子清楚面對兩難的抉擇及承擔後果

很多孩子在學校看到不公不義的事情，怕被同儕排擠而怒不敢言，或是默不作聲，無論哪一種方法，在孩子心裡積壓久了，都會成為問題。因此身為父母的你該如何協助孩子面對這種兩難的選擇呢？

小柏是國三的男孩，向來他在大人眼中是守本分的學生及小孩；在校從不鬧事，雖在學業上非屬拚命三郎型的，但憑著不錯的智商加上上課認真，成績還算亮眼；但就在某天上學的前一天，小柏突然跟爸媽說：「我不想去上學了！」彷彿像震撼彈般驚醒了爸媽：「孩子看起來好好的，為什麼突然不想上學？」在爸媽的再三追問下，小柏終於說了：「他們沒有我，也不會怎麼樣，反正上學只是去上課而已，我自己在家唸書，還不用看到他們多好，這樣不就皆大歡喜！」

小柏解釋的好像很有道理，但父母仔細想想：之後小柏會不會因此遇到問題就逃避呢？於是希望我能協助小柏處理他心中的結。

當我見到小柏時，他重複告訴我他心中的決定，他說：「我不可能會回到學校去，這也是同學們想要的呀！」

◆◆◆找出孩子不想上學的癥結點

我請小柏再多告訴我，有關他和同學之間發生了哪些事，導致今天他有這樣的想法。

「就是分組做報告啊！組員是我們自己選的，原來我們大家關係都不錯。但是在做報告時，分配好的事，他們都不做；不然就是做得很隨便；我自認也不是要做得多完美，要得什麼高分，可是……如果，你看到他們做的，你也會傻眼。後來，我覺得這不可能交得出去，交出去也會被退回的，於是我就從頭到尾再重做；我當時也沒有計較什麼，也想他們這樣的擺爛，也不會在乎什麼的，所以就自己做完後交出去給老師。到此，我內心都是平靜的。」

小柏喘了一口大氣後再繼續說：「但是……當把報告交給老師時，老師問了我一些話。老師問我：『這作業是你一個人完成的，還是其他人也有共同做？』我說他們有幫忙一些，大部分是我完成的，老師也沒再多說什麼。哪知過了一節下課後，他們幾個被老師叫去，再回來時，都給我白眼。我那時心想：『完了，他們一定是被老師罵了。』我還沒來得及跟他們解釋時，他們就擺出對我很不客氣的態度；什麼『在老師面前邀功吼』、『害我們被記警告』、『我很了不起』等等。算了，也不想再跟他們多解釋什麼……。」

我想知道壓垮小柏的最後一根稻草是什麼：「你們原來是好朋友，最後是怎麼鬧翻的？」

「我其實有跟他們說過：我並沒有在老師面前做抓耙子，但他們沒有要聽，我就……算了……唉！我們就變成仇人似的，下課打球他們沒再揪我，也把我退出 Line 群組，好像就把我當空氣，偶爾還會對我放個冷劍！」

「謝謝小柏，你讓我了解到事情的前後脈絡，如果我是你，我也會覺得很難過，又很生氣。明明是出自好意，到頭來還被誤會，還被冠上莫須有的罪名，真是很點點點！」

小柏有很多的委屈難過、生氣憤怒，卻無從釋放，只能把它壓抑著，能讓小柏感到自己可以暫時遠離這些負面感受的，就是眼不見為淨了。所以，我的任務就是幫助小柏轉化這些思緒和感受。

◆◆◆◆幫助孩子釐清：是氣自己？還是氣別人？

我問小柏：「在這件事情當中，你對誰感到最生氣？是那些同學們？還是老師？還是……自己？」

小柏說：「都有，強度不同罷了。老師是最輕的，他就是按照同學犯的過錯來懲處吧。同學呢，他們被記過，當然會生氣、會不爽，我也可以理解。我對自己，算是最氣的吧！」

「噢～～你氣自己什麼呢？」

小柏再嘆了一口氣：「唉～很複雜，我也說不上來。我心中一直想：早知道就不要自己重做那份報告，早知道老師問我的時候就說大家平均分工做的，這樣就不都一切沒事了嗎？」

「小柏，你因為沒有避開這些早知道，你很自責。當同學在對你使白眼、排擠你時，你更是一再提醒自己：你把事情搞砸了，怎麼樣都彌補不回來。是不是這樣？」

小柏點點頭，再大嘆了一口氣。小柏責怪自己為何沒有早知道，我想協助小柏再多發現，除了「早知道」外，還有其他被忽略掉但很重要的想法。

「小柏，你去重做報告時，你是怎麼想的呢？是什麼原因促使你這麼做？」

小柏用力擠眉頭地在思索：「我單純的想說：同學不想做沒關係，我可以幫他們做，這份報告只要能交得出去就好了！」

「你是幫忙同學，而且不計較誰做得多誰做得少，這是出自什麼樣的出發點呢？是甘心樂意的幫忙？而不是被強迫的，對嗎？」

小柏點頭說：「我是啊！但同學說我是自大、愛獻什麼的。」

我打插了小柏：「小柏，你也知道同學被記過，因此把氣遷怒到你身上，所以他們的看法是有偏頗的。最重要是你如何看自己，而且要看得正確，合乎事實！」

小柏用疑問句重複了我的話：「正確？合乎事實？」

我用肯定句回應他：「對，正確又合乎事實！根據剛剛聽到的：『你是很樂意幫忙完成不來的同學，而且希望報告能交得出去。』是不是這樣？」

「是這樣沒錯！」小柏很用力的點頭。

「如果再來一次，你會不願意再重做嗎？」

小柏很快的接話：「不一定，但我可能會先問過他們：由我一個人來完成，可不可以？」

我很認同小柏所提出來：「你重做這份報告的動機是好的，若再加上你先詢問或跟他們溝通你的想法，就天衣無縫了！」

◆◆◆◆協助孩子從「好的動機」來了解自己的立場

忽然，小柏拍了自己的大腿一下說，像似頓悟了什麼：「老師問我報告是誰做的，同樣的我並沒有想讓他們被罵或被記警告，那是老師自個的處置方式！」

此一刻當小柏能從「好的動機」來了解自己的立場，同時也提出「可修正」的是什麼時，小柏似乎得到鎖鑰將自己從自責的框架中解鎖開來，重新獲得自由，原來緊繃不悅的表情已漸漸融化。

在結束諮商前，我想確認小柏之前做的決定有沒有什麼變化：「小柏，明天……？」我還沒說完，小柏接著說：「明天我會去學校！他們總有一天，會知道真相的！」

心理師的暖心話

◆◆◆◆ 引導孩子清楚面對兩難的抉擇

小柏因為同學的誤會而陷入跟自己過不去，以及生氣同學的情緒中，透過還原他原始的起心動念，而且相信這是他的初衷、他的善意，如撥雲見日般，使他對自己了解得更清晰，也找回了對自己的掌握感。

然而，同樣的情形發生在許多青少年孩子身上，他們對是否應該去通報老師班上所發生的事，充滿著疑惑！

「同學作弊，我去報告老師有什麼錯呢？還說我是抓耙子！明明是他們自己做錯事……。但是漸漸的我卻發現，班上許多同學對我的態度有些轉變，有種被打入冷宮的感覺，我似乎變成了班上的邊緣人！我開始懷疑自己是不是不應該這樣做！」

這是許多青少年朋友的心聲！

當孩子面對眼前的掙扎與困境時，無論是針對作弊，還是霸凌、抽煙打架、帶違禁品，身為大人的我們是選擇勸他要息事寧人？亦或是鼓勵他冒著被孤立的風險跳出來主持公道呢？這是一個兩難的選擇，也許身為大人的我們更常這樣說：「你自己的事都做不好了，還去管別人的事，你簡直就是吃飽沒事做，在多管閒事！」這樣的說法的確可以省掉很多的麻煩，但同時會不會也鼓勵我們的孩子對周遭的人事物養成事不關己、無感冷漠的態度呢？

◆◆◆◆跟孩子討論採取行動的方法及影響

其實父母可以在這時陪伴孩子一起面對這兩難局面時的引導。首先我們可以協助孩子來釐清其「動機」到底是什麼？是屬於「積極性」的呢？還是「消極性」的呢？這樣的釐清是非常重要的，因為「積極性」的動機帶來建設性的結果；反之，則帶來很多關係的破壞力。

所謂「積極性」動機，主要是出於對個人的關懷、對團體的愛護；「消極性」的動機，卻是出於負面的情緒及批判攻擊。以同學作弊為例，若是基於關心當事人，他是否承受著不合理或過重的學習壓力、或者他在學習上遇見了困難與挫折，又或是有其他的情緒困擾……若是這樣的考量，就是「積極性」的動機。

但如果是對於同學不當的行為，內心感到忿忿不平、心懷惡意、希望他得到應有的處罰，這是「消極性」的動機。在消極性的動機下且衝動行事會引發同學的不安，甚至相互攻擊，自然也易被貼上抓耙子的標籤。

確認動機是否為「積極性」是重要的，除了動機之外，我們還必須考量採取行動的智慧和方法。以同學做了某件違反校規的事為例，雖然是帶著積極動機向老師報告，倘若老師卻直接找雙方對質，顯然這樣的做法是有很大的瑕疵，不但無濟於事，此舉還會引發同學間形成對立和仇視。因此，當孩子想要採取行動之前，可以跟他討論他的想法和做法，降低草率行事所帶來的負面效應，有的時候須耐心等候，時機成熟時才能行動。

引用名哲學家康德的話：「重動機而輕結果」；意思是只要一個行為的動機是積極的，行動是有智慧的，結果如何終究不會影響這個有價值的行動。在這偏向於追求表象、結果的世代，我們應協助孩子更多探究內在的想法和感受，以貼近靈魂的深處，而智慧也會從靈魂的深處展現出來的！

【親子的暖心練習】

以下提供兩個積極的觀點與態度，也可以作為父母陪伴孩子面對這兩難局面時的引導：

◎ **協助孩子釐清動機**

父母可以協助孩子釐清其「動機」到底是什麼?是屬於「積極性」的呢?還是「消極性」的呢?並協助引導孩子走向「積極性」的動機比較好,會帶來建設性的結果。

◎ **考量採取行動的智慧和方法**

當孩子想要採取行動之前,可以跟他討論他的想法和做法,降低草率行事所帶來的負面效應,有的時候須耐心等候,時機成熟時才能行動。

小心！非理性想法在作祟

面對思想負面或憂鬱症的孩子要如何協助？

很多人遇到憂鬱症或有負面想法的人或孩子，往往會用一句「想開一點」帶過，卻不知這是致命傷。因此面對這樣的孩子，陪伴是最重要的功課，並用「小事情、有方法、不要怕！」的口訣幫助他漸漸脫離非理性想法。

小可在國三這一年得了憂鬱症。她對人多聲音吵雜的地方，感到極度恐慌；同儕間的相處倍感壓力，無法很放鬆自在的與同學互動，也很擔心同學對她的評價；內心常被焦慮、負面的想法襲擊。小可看了醫生後，聽從醫囑用藥。然而小可是個律己的孩子，即便在校園的環境會帶給她極大的壓力，為了完成學業，並想要考上心目中理想的學校，她仍強迫自己上學，且一切作息都要維持如常的模式。因而小可常與內心的壓力及不安、憂慮在交戰，在掙扎中度過每一日……。

為了擺脫憂鬱帶給她的困擾，小可除了用藥外，也主動提出諮商的需求。

我們進行了一段時間的諮商。有一次，小可很沮喪的心情說：「我今天沒去上學，因為昨天狀況很不好，我想今天就在家，先沉澱一天。」

我問她：「昨天發生什麼事呢？」

「模擬考剛考完，我料想不到我會考出這種很爛的成績。自從我憂鬱以來，專注力很差，成績一直下滑，我很懷疑這樣還有救嗎？昨天看到成績的結果，幾乎印證了我所想的那樣，我沒有希望了！」小可對自己的成績表現非常挫折失望。

考不好的結果將放在小可內心已久，令她擔心、失望又沮喪的事，像洩洪般傾倒出來：「我無時無刻都很難受，只能靠專注於課業來轉移這些難受的事。我盡量上課時專心，不然腦子都會東想西想。下課時也不做別的，就是看書，把心裡要爆發出來的感受壓制住。回到家舒服一些，可是到了晚上，就會想到明天又要上學，這些壓力又會使我睡不好，頻頻作惡夢。早上醒來，身體好累，沒辦法我還是得上學去，進入校門時我的緊張又來了……。」

「這種難受壓在身上，讓你受了很多的苦。你也很努力的在對抗它，但有時候對抗不了，會很很很沮喪。」我聽見小可對自己是如此的失望，因而嘗試想讓小可和沮喪的心情拉開距離。

「我也不知該怎麼對抗，唯一想到的就是把所有心力放在課業和考試上，但……好累喔！」小可大嘆了一口氣。

◆◆◆ 幫助孩子找出負面感受有哪些？

「那，我們一同來看看如何更有效的對抗它。我可以先幫你看看平常你東想西想的那些想法有哪些呢？」

「很多耶～～在班上時最多出現，我會想同學們是不是很討厭我，我也會很擔心我若跟他們說話，我會不會說錯話，我說的會不會他們聽不懂，覺得我很怪。」

「你可以就以上你說的，舉一個例子嗎？」使用具體的例子可以更理解困擾小可的是什麼。

小可想了一想說：「嗯～～例如：我想問他們一些事，我怕他們會說：『她是不是有公主病，連這個都不會。』同學並不見得會這樣說，但我……就會如此想，不過——我也不確定他們會不會這樣想。」

「『她是不是公主病？連這個都不會。』這聽起來是……預測同學會有負面的聲音，同時也批判自己的不好。」從小可的想法中，我歸納了兩種負面的想法。

「我很常有這樣的想法，責怪自己，老是嫌自己做得不夠好、會失敗……。」小可開始察覺自己有自我貶抑的想法。

談到這裡，我向小可解釋了什麼是「非理性的想法」，目的是幫助小可理解：她所受的痛苦可能與現實想法未必符合，但這想法卻會自動化的影響我們。此外，此類的想法有幾種特性：一、它會絕對化，諸如：應該、必須、絕對，二、災難化——很可怕、會完蛋。這些想法來自我們成長過程中所經驗及學習到的，並在潛移默化中，形塑了自我思考模式。以小可的舉例來說，她的自我貶抑是來自非理性想法中的「我應該要很完美，不能有錯，否則別人會討厭我。」在這樣的非理性想法催化下，使得她將許多的事情想成了嚴重的、負向的、毫無希望的結果，接著痛苦或無望的情緒閘門就被打開了。

◆◆◆◆針對非理性想法一一解破

小可很認真的聽，想到一些問題問我：「所以，你是說我的這些負面情緒是被非理性的想法影響的。可是……我怎麼知道別人是不是真的會這樣評價我呢？」

「你這個問題很好！可以用來駁斥非理性的想法，來吧！Give me five 一下。」

小可配合我，伸出右手跟我擊掌，雖然有些許不好意思，但也受到了鼓舞。

我：「所以，我要反過來問你這個問題：『他人的評價對我影響有多大？倘若別人否定我，我就要全盤否定自己嗎？』」

小可：「嗯～～當然不是。」

我：「為什麼呢？」

小可：「因為……別人並不了解我，他只有看到一小部分的我。」

我：「接受！再來 Give me five 一次！」小可這次比上次更自然的伸出手來，臉上也多了笑容。

我：「允許我再問一個問題：『如果我失敗，或做錯了某些事，我就成了一個沒有價值的人嗎？』」

小可：「嗯～～我原來是同意這想法的，我不知道該怎麼反駁，我想想……即便做錯了，我還是有價值的，不好之處，我可以改正過來。」

我：「小可，我們再 Give me five 一次吧！這不會有標準答案，但這說法肯定能帶你離開痛苦的黑洞遠一些。」

小可這次可是很用力的做出了 Give me five 的動作。

◆◆◆◆建議把負面想法記錄下來

「當然，我們要從非理性想法中立即轉身離開，這也不是一天兩天的事，但我們可以隨時檢視一下自己腦海中有沒有出現那些『已經習以為常，其實沒有道理』的非理性想法，尤其是它騷動了我們的負面情緒時，更需要停下來檢視一下。」

「老師，如果我還是控制不住往負面的想法時，我該怎麼辦？」

「把它記錄下來，用寫的或錄音的都可以，同時可對自己說：『不要怕，小事情，有方法！』」

小可在口中碎唸：「不要怕，小事情，有方法！不要怕，小事情，有方法！」停頓了一會，好像想起了什麼事：「我之前都不是這樣想的，我想的是：很糟糕、完了、沒救了，接著就……陷入焦慮沮喪！」結束諮商以前，我給了小可一個回家作業：「小可，你回去練習『我專注力不好，所以考不好，我沒希望了』這其中的非理性想法是什麼，你又能如何回應它呢？」

「好！要來！」小可把手伸出來，預備作 Give me five 的動作。

心理師的暖心話

◆◆◆◆ 三種常見的負面感受，教導孩子察覺並書寫討論

我們在成長過程中很難完全不受非理性想法的影響，然而當這類想法占據我們

生活的大部分時，我們看待自己、看待別人、看待事情、看待世界，都被負面的感受和想法給扭曲了，我們因此會深受情緒困擾的影響。

美國一位腦神經心理學家，也是精神科醫師，叫「丹尼爾．亞曼（Daniel G. Amen）」，他曾提出人在焦慮憂鬱狀態時，有如大腦被螞蟻入侵，螞蟻英文為：「ANTs」，展開此縮寫就變成「Automatic Negative Thoughts」，中文意思為「自動化負面思考」。

以下介紹幾種最常見的螞蟻特性：

第一隻要介紹的螞蟻是：「老頑固」螞蟻！

它的特性是：「我應該要表現得最最最完美」、「我絕對不可以犯下任何錯誤」、「他應該要對我好才是公平的」，這樣的「絕對化」不只硬綁綁、缺乏彈性，它之所以不合理，原因很簡單：人就是人，人不是機器，人是有可能做出「不應該」、「不可以」的事，即便自己不是故意要這麼做。其次，追求完美並非不好，然而，真正會成為問題的是：我們缺乏彈性且僵化的思考模式；反過來說，在這樣的思考下，我們會失去了體驗其他可能性的存在。

第二隻是會以偏蓋概全的螞蟻：「恐怕份子」螞蟻！

這螞蟻最容易辨識的特性就是會讓我們誤以為：壞事將一直不斷或擴大的發生，當我們被它占據時，我們會給予自己或他人「一次定生死」的評價。例如：當考試不理想，之後就認為自己永遠是「垃圾」、「一無是處」，或者當評價別人或人事物時，也會如此，例如：還是不要坐飛機好，否則會發生墜機啊！這樣的影響是，它會阻撓我們去嘗試，去面對問題，在還沒來得及探究問題前，先早早舉白旗投降了！

第三隻是毒性超強的螞蟻怪，它之所以毒性強是因為他會毀掉你和人連結的關係：「轟炸機」螞蟻！

這螞蟻怪總是「千錯萬錯，都是別人的錯！」當我們被它占據時，則會常以責怪或指控的方式，對他人做出負面的評論或抱怨。如此的反應背後，其實隱藏著我們和人之間有一道高牆，高牆的作用力是防堵，將一切外在的訊息傾向於解讀別人乃惡意侵襲，以致會先發制人，其實真正的狀況是我們無力改變自己的狀況，所以很少自我反思，更不用說能承擔自己錯誤的部分。築牆最終帶來的影響是，改變的能量和行動力愈來愈少，自我封閉的牆卻會愈來愈高，這是關係、自我成長與學習最大的損失！

以上三種螞蟻若比喻成怪獸的話，常常在不知不覺中占領我們內心已久，所經常使用的手段不外是：威脅、恐嚇、欺騙、誘惑。

◆◆◆◆ 善用記錄＋口訣來破解負面思想

所以，為預防螞蟻在腦內築成巢，以至於嚴重影響到我們的情緒，我們必要謹慎偵測出螞蟻的蹤跡。找人討論是一種方式，或者可以把引起煩躁、不安、憂慮、傷心等這些事，書寫下來，然後在慢慢地注意觀察浮現在腦中的螞蟻，並把這些螞蟻的聲音寫下來，如：我沒有考上好高中，以後一定沒出息等等。通常只要我們能把這些螞蟻怪指認出來，就可以減低它對我們的威力。

最後，我們最需要提升的一項重裝備是，壯大內心的「食蟻獸」，它將能反駁這些負面的想法。例如：「小事情，有方法，不要怕！」就是一個強大的食蟻獸喔！

【親子的暖心練習】

面對總是有負面想法的孩子，爸爸媽媽可以邀請孩子一起敞開心胸，把心中的想法說出來，別忘了給予孩子適當的鼓勵。

◎ 不要再說「你想太多了」、「沒這麼嚴重吧」這類消極的話語

許多孩子的困擾，在歷經過人生大小關卡的大人眼中，實在微不足道，但這往往就是大人的盲點，用自己的現在的年紀與人生來判斷孩子的狀況，接著就會出現「這真的沒什麼」、「想開一點就好了啦」這種沒有實質幫助的安慰話語，所以第一步，就是要牢牢記住，不要用這些類似的話語來回應孩子。

◎ 鼓勵孩子表達心裡的負面想法，並不預設立場好好了解

鼓勵孩子將心中的負面情緒表達出來，看孩子喜歡書寫還是喜歡畫畫，讓孩子把心中的想法記錄下來，並且請孩子與大人分享。爸爸媽媽也請放下成見，和孩子聊聊這些想法的源由，即便在你眼裡這些原因真的很微小，但是孩子也有自己的性格與特質，爸爸媽媽必須尊重並且當作一回事喔！

◎ 給予孩子無限的鼓勵與具體支持

了解了孩子的想法後，可以用支持性強的鼓勵話語，幫助孩子。有時候簡單的一句「不要怕」孩子就能有無比的勇氣了！更可以和孩子一起想方法，這會讓孩子能夠在充分的支持下，戰勝心裡的陰霾。

媽媽離開我之後

如何幫助孩子走出失去親人的悲傷及情感糾結

當至親逝世，永遠離開孩子的身邊，或許當下，孩子並不會反應太大的情緒，但時間一久，很多複雜的感覺會湧現導致影響作息，這時該如何幫助孩子度過呢？

阿芝剛升上國三不久，媽媽就因肺癌離開人世，爸爸單獨撫養她的過程遇到了一些問題，因此爸爸先來諮詢我該怎麼辦。

「這個孩子很可憐，媽媽走了之後，就變成另一個人了。但是她又不聽我的，我不知該怎麼辦是好。」爸爸很憂傷的告訴我這些。

爸爸繼續說：「她從乖巧聽話，變得生活散漫、脾氣暴躁，她上課睡覺、回家不看書，晚睡晚起、遲到，每天回家就在房間內滑手機，說話很衝，我已經管不動她了！而她也不願意跟我說：她在想些什麼、我要怎麼幫她……。」

無助的神情流露在爸爸的臉上，我說：「阿芝爸爸，聽起來阿芝的轉變很大，她內心可能有沒說出來的困擾。你可以試用任何方式，讓阿芝能來見我嗎？她若能來，我就有機會跟她聊聊。」

阿芝爸爸回去後，費盡心思的在想該怎麼說服阿芝來見我。最後，他對阿芝說：「你阿姨介紹了一位心理師給我，你表姐曾經因為一些壓力問題，去找過這位心理師。表姐說這位心理師幫助她解決了很多心理的煩惱。你想不想也跟她談談呢？爸爸覺得——你心裡頭也有壓力，只是不知道該怎麼說出來而已。」爸爸態度平靜、誠懇。也許是表姐的好經驗，加上爸爸表達關懷的方式打動了阿芝的心，阿芝來見我了。

◆◆◆◆ 先釐清孩子與逝去者的關係

我親切的向阿芝打招呼，也向她作自我介紹，阿芝沒有主動要說什麼，但以微笑禮貌的回應。她似乎也好奇探測我：我要對她說什麼，又或她也猶豫著：她要說些什麼、該怎麼說？

「阿芝，有點點緊張，不知該說什麼，是嗎？」我反映了當下阿芝的內在情緒。

阿芝立即點頭，我說：「我能了解。第一次要跟陌生人講話，一定不怎麼自在的。」

阿芝盡力安定自己的心，口中說出這些話：「我——媽媽在半年多前生病過世，她走了之後，我——當然有很難過，心情也很複雜，感覺自己變了很多，我也說不上來……。」

「謝謝你告訴我這些：除了千斤重的心情，實在也不知道該怎麼說是好。我可以用問的，來協助我了解你，也可以幫助你整理嗎？」

阿芝點點頭示意著她很願意。

「阿芝，你跟媽媽過去關係如何？」我的第一問題題是這個，因為關係的深度、糾結度，對阿芝的心理狀態有一定的影響。

「很好吧，但也很不好。很好是：媽媽從小無微不至照顧我，所有的事情我都瞞不過她。她常常陪我，寫功課、逛夜市，都是她在我身邊。」阿芝邊說邊掉入回憶中，眼眶泛紅。

「所以媽媽離開後，你會極度的想念她，是嗎？」

「媽媽的遺體被火化後，我大腦無時無刻都想著她，上課也想、做任何事都在想，而且看到像媽媽這年齡的女人，就會想到媽媽。過去的一點一滴一直在我大腦盤旋，她陪我練鋼琴、和我一起去河濱騎單車⋯⋯。」阿芝邊落淚邊說。原來大量具像的記憶占據了她的大腦，未隨媽媽離世而淡化，且經常觸景傷情，是一種沉重的記憶，同時悲傷的情緒其實仍擱置在她內心裡，就讓這情緒暫時潰堤吧！

阿芝在這次的諮商中，宣洩了對媽媽的思念以及悲傷的情緒，這是一很重要經歷悲傷失落的旅程。我跟阿芝約定——我會陪她一起去經歷她的失落，以及內心複雜的情緒。

◆◆◆◆ 協助孩子接受好壞並打開心結

往後的諮商，阿芝不僅回憶與媽媽的美好時光，也參雜著阿芝說的複雜心情。在一次的諮商中，她說：「很多記憶是很美好溫馨的，會吸引我不斷地回想，無法自拔；但也有些回憶是不好的。」說到「不好」，阿芝就停頓了。

「不好的回憶？」爸爸曾經透露阿芝媽媽對孩子是無微不至的照顧，可是也有很高的期望，所採取的是嚴格的管教方式。

「我媽是權威型的媽媽，她為我安排所有的事，總是什麼都要我聽她的，也給我很多限制。她不相信愛的教育，所以我被打、被處罰也是常有的事。她的體罰是不給面子的，曾經在外人面前打我耳光，還曾趕我出家門，外頭夜晚天黑，把我給嚇死了！」阿芝眉頭深鎖的敘述這些事。

「對媽媽的權威方式，你是不是也感到難過、害怕，還有……生氣？」

「是啊！但……媽媽現在又不在了，我……也不知是要怎樣？想對抗反叛，好像也沒機會了！」這句話是具備了勇氣跟對自己的接納才能說得出來的。

與媽媽如影隨行的阿芝，隨著媽媽的離世，失落的心情難於撫平；難過的心情因著媽媽無微不至的陪伴而消失了，同時還有一股找不到出口的失望與憤怒在流浪著……隨著媽媽的離去，阿芝也掉入了另一個「失控的境界」中。

「阿芝，你對媽媽的回憶好複雜，因為她的無微不至讓你安心成長，同時又因為她權威的方式，使你難過又失望。」我協助她整理內在如此複雜的情緒。

「對呀～～好糾結喔，也很煩！」煩躁的心情寫在阿芝的臉上，接著她大嘆了一口氣，頭低低的說：「我成績一直退步，作息很不正常，其實我很著急，也很內疚，但我爸管不動我，他說我有手機成癮，我想……是吧，他愈管我，我就有一股無名火上來。其他人剛開始是同情我，但現在是指責我，說我——對——不——起我媽媽。」說著，阿芝哽咽起來。

因被糾結的心纏繞著，一方面陷於悲傷的情緒中，一方面不知不覺的陷入過去被媽媽嚴禁的網路世界，這是解放？還是對抗？抑或是藉此使她暫時忘卻一切的煩惱？過去一段日子以來，悲傷、失落、焦慮、內疚，就這樣不斷在阿芝內心中循環、打結，她獨自承受著……。

◆◆◆ 教孩子好好跟逝去的親人道別

透過幾次諮商，除了宣洩悲傷的心情，也漸漸地釐清了阿芝內心的糾結，陪伴她走過悲傷失落的歷程，尤其是梳理了她內心中的未竟之事，當我邀請她面對已逝的媽媽，說出她內心想說但來不及說的話時，阿芝低沉的說：「媽～～我知道你很愛我，凡事都為我想，我——也很愛——你，但因為你很嚴格，要求比較高，我——因此——也很怕你。有時候也不想順從你，你若可以——理解我的感受，我——會覺得很——好，就這樣！」她說完了，心情平靜。

往後，諮商的下一個目標是要協助她練習自主的能力。過往阿芝的「油門」和「煞車」鍵都由媽媽主控著，媽媽說什麼阿芝就照著做，所以她未有機會去熟悉和練習如何操控自己的「油門」和「煞車」鍵，這也是導致阿芝陷入生活作息失控的原因之一。

「爸爸說我現在是擺爛過日子，我其實不希望自己這樣，但是不知道怎麼做。」阿芝在一次的諮商中這麼說。

「媽媽之前費了很多心力在照顧你、栽培你，但可能一時之間忘了一件重要的事……。」我停頓看著阿芝，等她接話：「是～～如何管理自己嗎？但……我再三個月就要會考了，還來得及嗎？」

「你是一個可造之材呀，所以媽媽花了多年的心血在栽培你，相信你是有能力做到的。我們可以一起來擬定目標、方法，一步步來，有志者事竟成。」

阿芝點點頭，露出了開心的微笑：「好喔！媽媽經常跟我說：『任何惡劣的情況，都不要放棄！』」

不論過去、現在、未來，媽媽在她的心中都占有一定的份量，把原來的負面經驗轉化為前進的動力，阿芝就不用在糾結的心境中繞圈圈了。

心理師的暖心話

◆◆◆◆ 幫助孩子正視與逝者之間的情感糾結

當失去家人時，我們可能會陷入懊惱、後悔或自責：「早知道我該多陪陪他」；「他還來不及看我結婚、看我生下的小孩，他就不在了。」等等。

又或許陷入更無法言語的失望、難過或憤怒：「他生前不愛我，我從來沒感受到他對我的重視，他就走了」、「他對家人的傷害，沒有一聲抱歉或對不起，他就走了。」之類的想法。

這是心理學上稱之為「未竟之事」（unfinished business）。簡單而言，是指生者與逝者的關係之間所引發的情緒糾結，在生前沒有被梳理；隨著亡者已逝，以為就此結束，殊不知這些情緒仍會不斷地出現、迴盪，且以各種形式影響著我們的生活，使我們活得虛幻，難以進入到現實理性中。

因而在悲傷輔導的歷程中，除了生者必須接納失落的事實，就是死亡已確實發生外，則是要協助生者完成與逝者之間的未竟之事，並向其告別。就像故事中的阿芝，釐清了她對媽媽無微不至的感謝外，也接納了媽媽生前的權威管教，造成了其內心的傷害。唯有正視與逝者之間的情感糾結，接納它，並真正與逝者道別，說出內心經由整理接納後的感受，如此，生者乃能從中逐漸尋獲新生的力量，用重新定義的方式投入生活中。

【親子的暖心練習】

當孩子面臨家人從生病到離世這過程，內心悲傷、焦慮不安、恐懼、憤怒等等的負面情緒，不一定能以言語將情緒表達出來，常常會以不直接顯露的行為方式表現：

◎害怕不安的情緒

有些孩子面對家人因為生病而外觀有些改變時，除了擔憂疾病帶來死亡外，心中也會產生莫名的害怕，因此可能會拒絕到醫院探望，或不敢靠近。因此面對孩子的抗拒，必須要以同理心去釐清原因及協助調適不安的心情；反之，指責的語言會令孩子更無法調節好害怕不安的情緒。

◎悶悶不樂，會講出責怪自己的話

年紀愈小的孩子因較不具備釐清問題的能力，導致會產生錯誤的自我歸因。因此有些年齡較小的孩子會誤以為家人生病過世，和他們有關，內心中產生嚴重自責及罪惡感，如：家人的死亡是因為自己不乖，或記得家人曾經這樣說：「你把我氣死了」；或自己曾經亂詛咒所造成的。因此，可以引導孩子說出自己對家人生病的想法，協助修正錯誤的歸因。

◎ 反差的行為或情緒反應

例如課業態度散漫、叛逆行為、頂撞等，會發生此情況的原因很多，例如：害怕表達出悲傷的感覺而想掩飾它、擔憂著逝者走了之後，家裡經濟等要如何生存、和逝者之間的未竟之事等等；內心的壓力之大導致失控的狀態。因此，切勿以「對不起逝者」來責怪在此狀態下的孩子，反而要正視這是一個求救訊號，他們可能極需要專業心理人員來協助他們走出悲傷失落。

CHAPTER 03

原生家庭該怎麼陪伴

老是覺得孩子講不聽、愛頂嘴、脾氣暴躁，
家裡衝突不斷，甚至影響夫妻間的感情。
事實上，很有可能問題不在孩子身上，
而是在父母的感情及立場早已亮了紅燈，
看在孩子的眼裡只是做鏡面反射而已……。

請父母拿出影響力來！

用深刻陪伴的「強力膠」消滅家中大聲吼叫的溝通

在家裡跟孩子溝通都用吼的？吼到最後，夫妻反成仇嗎？其實不是孩子欠管教，有可能是你們在陪伴孩子時太過「敷衍」，導致孩子沒有安全感，自然不會接受父母的管教指令囉！

七歲的小紓，根據父母的形容：與爸媽相處時，像似一個愛耍賴的噴火龍，在外卻是一個乖巧的小綿羊。

這不是一次、不是一天，而是幾乎天天在小紓家如此上演著：

小紓的玩具撒一地，她在玩具堆中自個玩得開心，媽媽在旁三催四請：「小紓，快點去洗澡，很晚了，要睡覺了！」小紓看著玩具回答說：「好！」

過了大半時間，小紓仍然在玩具堆中，媽媽想起明早又要度過一個拉扯哭鬧的早上，小紓賴在床上不起來，上學又要遲到，早餐沒吃……，眼前的小紓仍然繼續玩著她的玩具，媽媽的腎上腺素升高，聲調也提高了：「小紓！你再不去洗澡，我就要把你的玩具全部丟掉！」目光大怒的看著小紓。

小紓心不甘情不願的把玩具用力丟到玩具籃裡，跺步走進浴室內，媽媽這時也跟進浴室中：「我幫你刷牙，你沒有把牙齒刷乾淨，會長蛀牙。」當媽媽正幫小紓刷牙時，小紓大哭大叫說：「我不要你幫我刷，我牙齒被你刷得痛死了！你走開！」小紓把媽媽用力一推，媽媽也火大說：「我哪有很用力！你不好好刷，到時你要去看牙醫，你就給我乖乖去！」

母女倆就在小小的浴室中，上演推、拉、哭、叫。就在此時，小紓爸爸從書房出來，加入吼叫陣營：「幾點啦？！吵什麼吵？！」母女倆被爸爸的震撼聲震住了，隨即停了一會，剩下小紓啜泣聲，媽媽看著小紓，洩氣的聲音說：「你愛蛀牙，就隨便你！」

類似的劇碼重複上演，有時早上、中午、晚上、家裡、車上、餐廳裡，都有可能。媽媽內心不斷在積極糾正及消極以對的兩端擺盪，直到媽媽和爸爸的婚姻亮起了紅燈，爸爸放話說：「我受不了家裡天天吵死了，再吵我就要搬出去住。」

◆◆◆◆ 父母先諮商才能找出孩子糾結的原因

媽媽後來邀請爸爸一起來諮商，目的是想知道如何改善小紓的愛發脾氣，也想了解如何使用適當方式教育小紓。

媽媽將困擾他們的問題描述完後，她說：「我現在是用消極的方式來對待她，她要怎麼樣我也不管了，晚睡遲到就遲到，不刷牙長蛀牙就讓它長，因為只要我一管，她不聽，再管我就要罵人，弄得大家都不愉快，先生便出來罵人。但是，這樣的消極方式下去，我知道也會出問題的。」

爸爸這時也加入談話：「我覺得我太太現在這方式也不妥，因為這樣下去，她會看不過去的，最後還是用回以前舊方式，就是對她威脅、吼叫、情緒失控。」

「你們這時候一起來面對問題，是很可喜的事！因為經過了解、溝通、再用一致的方式來教育小紓，她的問題可得到改善。」我肯定了他們來尋求協助的動機。

「是的，我也是這麼期待，我們可以一致而且能一起去『對付』這小孩！」媽媽提到「對付」時，氣氛轉為輕鬆了些。

換爸爸開口說話了：「我更擔心的是：她對我們該教她、該糾正她的事，一律都拒絕，媽媽是對她無計可施，她從不聽媽媽要教她的事；而我呢，因為我工作很忙，平常很少陪她、也很少管她，如果我真的嚴肅起來，她是怕我的，但我不知能維持多久。如果她更長大，誰可以管得了她？」

◆◆◆ 用陪伴建立親子之間深刻的愛

「我聽懂你們的問題了，小紓現在欠缺的是一位對她有影響力的父母，而你們想要把對她的影響力奪回來。她現在不聽你們的，她都是聽自己的，對吧？」我提出這個問題，父母都點頭同意，我還有下一個問題：「她都聽自己的，但是她卻對自己是極沒有信心的，尤其是在外面的群體中，她會表現得退縮，是嗎？」

父母都點頭，媽媽說：「是啊，老師說她在學校都很安靜，她很少表達意見、也很少主動。這和她在家中表現霸道，真是南轅北轍啊！這到底是怎麼回事？」

我說：「每個孩子都期望有個很強、很有影響力的父母，這樣會帶給她安全感。

小紓其實不是排斥你們對她的影響力，而是還感受不到你們對她的影響，換句話說就是陪伴、很深刻的愛。」

「很深刻的愛？老師，你可不可以再說得具體一點。」媽媽很疑惑的問。

「嗯～～我舉例子：她在玩的時候，你們在做什麼？你們在罵她的時候，你們在想什麼？她在玩的時候，你們是不是在做自己的事？你們在罵她的時候，你們腦海裡是不是想著等一下會有多糟糕的後果會發生……例如：她沒有聽從你們的話，所以爸爸會生氣、遲到不符合學校規定……等。」我舉了這些例子來說明。

「我們很少陪她玩！看她自己玩得開心，就覺得沒什麼問題。」媽媽說。

爸爸也說了：「我們會糾正她：像是她沒有做好，或者做錯的事，我們會告訴她原因，分析給她聽，並不是一開始就對她發脾氣，可是她看起來就不是很想聽這些話，一副告訴我們：我們很嘮叨的樣子！」

小孩能自處，不吵大人，大人也不會干涉；小孩錯了，大人就分析錯在哪裡給孩子聽，這一切聽起來好像是理所當然，沒什麼問題。但明顯小紓需要的不只是這些教導，而且這中間，似乎像是少了一支「強力膠」，把該有的零件組合起來。

◆◆◆◆ 用溫柔堅定的聲音取代大聲吼叫

我想用例子來傳遞會更理解，我問說：「假設小紓該早睡，但她不想，你們會怎麼對她說？」小紓媽媽說出了平常是如何勸她早睡的說詞，但卻都不被領情。

「我示範給你們看，怎麼說能打動她的心：『小紓，我們要培養你有早睡的習慣，是因為我們愛你，早睡其實對身體有很多好處。而且照顧小孩是爸爸媽媽的責任，如果我們做不到，我們就是失責的父母，不配做你的爸爸媽媽！所以，我們堅持你一定要早睡。』記得，當你們說話時態度要很堅定。」

我示範完了，媽媽說：「我們從來沒對她說這些有感情的話，偶爾她有好表現時，只說：你好棒！」

小紓父母也坦誠了他們對孩子極少表達情感，也很少時間全心全意的陪伴孩子，加上工作忙碌，教養孩子最後剩下的是責任，也期許不要出什麼亂子就好。

「我們生活在這種模式很久了，但是現在看起來務必要有所改變了，否則小紓愈大，我們想管教她就愈沒轍！」爸爸語重心長地說。

「你們可以挪出一些時間，專心陪伴小紓嗎？」我問小紓父母這個問題。

「睡覺前我可以陪她聊天、說故事。我曾經這樣做過，她還蠻喜歡，會有所期待。爸爸是不是可以陪她吃飯？」媽媽說。

「可以呀！安排一天，她放學後來我公司，我帶她去吃飯，順便和她聊聊天！」爸爸也想到了一個和女兒約會的方式。

「這聽起來都很好！小紓肯定會期待！」我回答，再說：「有了這樣的聯繫，你們的關係會逐漸有質的變化，然後在管教時，記得多包幾層糖衣，讓小紓的心在不知不覺下因你們的愛而融化。」

小紓爸媽和我再約了三次的諮商，也漸漸凝聚起他們倆人對小紓的了解及管教方式。小紓爸媽也很努力的維持和小紓固定約會時間，小紓媽媽說：「小紓現在比以前柔順多了，我只要說一次，她好像就會去做。唯一起床這件事，她還是賴床和有下床氣。不過，我已經知道該怎麼治她，我會前一天晚上陪她去買隔天的早餐，由她自己選擇想吃什麼，早上時就拿早餐當釣餌，她應該就會趕緊起來了！」

大聲吼叫的聲音會慢慢地從這家中消失，取而代之的是溫柔堅定的聲音！

心理師的暖心話

◆◆◆◆用愛的「強力膠」把「關愛」與「管教」組合

小紓父母所處的困境，相信也發生在許多家庭裡，原來想要凡事好好說、不用威權的教養方式，但是當父母不斷受到孩子的反應挑戰後，就會冒出「是不是太寵他了？」、「是不是該用體罰修理他一下？」等等的想法，同時心中又對此作法有所顧忌的，於是只好放棄原來不屬於威權性的作法，而陷入在教養路上的迷航中。然而，山重水複疑無路，柳暗花明又一村，當父母不放棄時，終究能找到教養的出路的。

故事中所提的「強力膠」，就是要把父母「關愛」與「管教」的零件組合起來，成為有正面影響力的父母，否則就零件掉滿地。這乃是在建立「你好、我也好的合作關係」，根基在於「心」而非表面行為。當心與心連結起來，合作則能取代「左耳進，右耳出」或陽奉陰違的互動。

「懂孩子的心且抓住他的心」形成「你好」，「父母理解自己的心對孩子真誠表露」形成「我也好」，這是一個持續動態的平衡，是一趟旅程，引領我們接觸到自己的內心，與自己的心更靠近，也讓作父母的我們更認識自己；對我們所愛的孩子也能傳遞出「你很重要」，逐漸引領他認識自我，並使我們更靠近孩子的心。

【親子的暖心練習】

父母認識自我是值得探索的旅程，此外，父母如何跟孩子談心呢？下列提供跟孩子談心的撇步：

◎ 專心陪伴

父母因為忙碌或自己本身是低頭族時，孩子其實很容易看穿父母的回應是在應付他。專心陪伴其實是傳遞強烈情感的連結，與應付是天壤之別啊！專心陪伴會令孩子感到：即便父母沒有在旁邊陪伴時，他依然能感受到父母的支持而不心慌！

- 所以，這裡所指的父母專心陪伴是：請放下手邊或腦中正在運轉的所有事物，把它當成不重要的背景，因為眼前的孩子才是你所關注的。
- 用「好奇的心」來和孩子互動，好奇他在做什麼？好奇他在想什麼？而且好奇是不帶有批判性的，而是開放的心態接受它。擁有好奇不會先執著孩子一定是如何如何想、或他會如何如何做，這樣一來反而會造成我們的不用心，因為當執著時，就會停止觀察，在孩子內心中的本質會輕易被忽略。

◎ 創造美好的氛圍

當父母說：「沒有時間能坐下來，跟孩子們一起聊天。」其實轉個方式想，假如孩子是你的客戶，你會沒時間跟他約會嗎？你會怎麼安排跟客戶談話呢？所以，在行事曆上註記親子的約會時間，再來創造一個輕鬆開放的談話氣氛，例如：一起吃冰淇淋、選擇一間有聊天氛圍的餐廳用餐、睡前聊天或說故事等等。

◎ 聊天的本身要有回饋感

好的聊天是互相有來有往的；不光是父母說，孩子也有回應，才能從孩子的回應中獲得回饋，如此聊天起來才會讓兩人感覺愉悅又有滿足感。切記的是在美好的談話氣氛中，父母不要急著抓到機會就說教、訓人。因為一旦如此，好的回饋感就會斷裂。

◎ 建立合作關係

談心的過程中，若談論到與解決問題有關的，可多用「我們」來表示父母是孩子的生力軍，例如：我們一起想、我們一起來做、我們不放棄等等。而不是「你應該、你必須、你最好……」，如此就會逼迫孩子成為反抗軍了。

家中一定要有人扮黑臉或白臉？

別被傳統的教育方式撕裂親子及夫妻關係

家裡每次講到孩子的課業時，不知怎麼會變成夫妻之間的大戰嗎？很有可能傳統教育方式——「黑臉」與「白臉」失效了。這時不妨父母倆人先坐下來好好溝通，修復夫妻之間的共識後，再來處理孩子的問題吧！

阿榮，喜歡玩電動的國中生，學習動力低。在家中只要觸及到跟課業有關的事，常常就會有爭執發生，加入戰局的有阿榮、爸爸、媽媽。不僅如此，戰爭雖從課業問題開始的，但炮火經常也延伸到爸媽之間的爭執，而阿榮也就經常處在這混戰中被流彈打到。到最後，爸媽也感覺精疲力盡而束手無策，就來尋找諮商的協助。

坐在諮商室內手拿著鋼彈，邊玩邊和我談話的阿榮，看來帶著漫不經心的態度說：「我每星期六、日不是補習，就是要複習功課、寫一堆測驗卷，都是我爸要我寫的！」

我重複阿榮的最後一句話說：「你爸要你寫的哦。」

「是啊，不然咧？啊～～不寫會被他罵，那就寫啊！」阿榮的回答，表面聽起來做這件事時是很乾脆的，然事實上是這樣嗎？

「寫是因為怕被罵所以才寫的，這樣不就寫得很不開心嗎？」我這樣問是從爸媽那裡得知，阿榮在家無論寫功課或複習功課，往往是家中掀起大戰的時候！

「哎喲，沒差啦，不寫大家都很不開心，寫也是為我自己好啊！」話是這麼說沒錯，但其實在阿榮內心，有比這想法更矛盾、更複雜的情緒。

現在的阿榮似乎想要隱藏一切負面的情緒，他所發出的訊息似乎也像告訴我：「你不要再說了，不要再問了，我已經快受不了了。」

於是，我順勢提出這建議：「不然這樣好了，多寫的確是有好處的，你要不要把鋼彈先放下來，從你書包裡把作業拿出來寫、順便訂正一下考卷，我知道你剛剛從補習班下課，就馬上過來，一定有未完成的功課。」

阿榮的情緒馬上激動了起來：「不要！現在不是寫功課的時間，不要逼我寫！」

在我掌握住我和阿榮已建立了深層信任關係的基礎下，我故意不退讓地回應他：「多寫對你有好處啊！或者今天來背熟二十個英文單字也不錯？」

「我說不要就不要，為什麼一定要逼我！你和我爸媽都是一伙的，都要來逼我！嗚嗚嗚～～」阿榮放聲的哭泣，強烈情緒的背後表示過去種下了不愉快、甚至是傷害性的經驗。

◆◆◆ 協助孩子釐清與父母的情感糾結

「阿榮，你哭得好難過，我得要好好思考，你說的那種被逼的心情是什麼？寫功課寫到感覺是被逼的，一定不怎麼好受！」我趁勢替阿榮的內心說出了他真正的心情，而接下來要協助的是阿榮和爸媽之間，面對功課和課業表現之間的糾結。

比起先前，阿榮情緒有些平靜了：「我把功課寫完、該複習的就複習，他們就不會多說什麼，也不會再為我的事吵架了。」阿榮其實還是堅持讓此事跳過面對和處理。

「阿榮，有比完成功課和成績更重要的事，否則今天你就不會坐在這裡和我談話了，我也不是教你任何學科的老師，但是，我是關心你內心和情緒的老師。」阿榮其實了解我的每句話，他沒有反駁，但保持著沉默。

我徵求了阿榮的同意，將父母倆請入諮商室內。

「阿榮爸媽，在家寫功課、複習功課這件事，是不是把你們家搞得烏煙瘴氣的，我指的是事，不是人。」我這麼說是刻意讓「問題」和「人」分開，避免這三人陷入互相指責的惡性循環中。

媽媽率先開口：「嗯～～在這樣鬧下去，遲早有一天鄰居會找警察上我們家吧！鄰居可能會誤以為我們是家暴。」媽媽說完，我看看爸爸，爸爸點頭，附和媽媽的說法。

「所以，今天找你們大家來談談，就是要大家一起來想辦法，看能不能杜絕這事，不能讓它持續不斷干擾你們家。」我在幫助他們拉開距離，看清楚這事對自己，和對彼此的影響。

仍然是媽媽開口：「莫老師，你說的沒錯，阿榮和爸爸為了功課和複習的事，每天吵到屋頂都快掀了。每次看他們吵成這樣，我想阻止，可是先生的情緒更大。

他覺得阿榮不是不行，只是覺得阿榮常常都在用敷衍的態度，我先生想要糾正的是阿榮這一點。我說不然就由我來管，避免父子倆繼續這樣衝突下去，我先生說我的方式太鬆了，婦人之仁會讓孩子找到逃避的方式，會更加耍賴。因為他都在孩子面前這樣說，並批評我的作法，影響到我對孩子的管教。我的話，阿榮是從來不會放在耳裡的。」聽起來媽媽在家是弱勢，但今天有機會可以多說一點話。

媽媽說完了，換爸爸上場了：「我跟我太太的標準不一樣，也因為是這樣吧，我發現阿榮是在我們兩個之間找漏洞。我管得緊，他就會去媽媽那裡找依靠，媽媽會說：『他已經累了，就讓他休息』之類的話，天曉得他之前完成的狀況是慘不忍睹啊！」爸爸似乎說到了令他無力的事，憤怒的情緒隨之上升。

◆◆◆別把戰場擴大成家人對峙

「爸爸媽媽，所以你們也意識到了，你們之間的差異，讓這事更加溫。阿榮呢，在你內心是不是也有兩套系統，好像選擇了這一套，就不能容納另一套？」我清楚爸媽之間的差異和溝通不良是長期的事，需要更多時間來面對；也許透過了解阿榮內心的困境，可以協助爸媽之間的問題。

「嗯～～我不知道。」長期下來的混亂令阿榮分不清內心的狀況，所以表現出來的就是亂成一團。

「阿榮，當你真正想認真的時候，是不是在想——我這樣認真是因為我爸——當你這樣想的時候，你還會認真嗎？」

「有時會，有時不會。」阿榮的回答很清晰。

「想到是因別人的命令而認真時，反而會產生一種抗拒，對吧？你內心因此很矛盾，想認真又不想……。」我在剖析阿榮的內心，目的是讓他清楚內心的運作。

我繼續說：「當你轉換到不想認真的模式時，其實你內心有罪惡感。怎麼辦呢？可能你就會用耍賴的方式，來打一場烏賊戰！媽媽這支軍隊是你暫時的聯盟軍，是不是這樣？」

「嘿嘿～～對吧！」阿榮回答完，換媽媽說話：「阿榮的內心好像一個戰場，永遠有打不完的戰，敵軍也有不同，一下是爸爸，一下是媽媽。有時候，你還會利用我去對抗爸爸；有時你又會靠向爸爸，來取笑我這支你們認為的老弱殘兵。」

「這場戰爭最後是一個家庭，漸漸分成三國。」爸爸也用戰爭作了這樣貼切的譬喻。

「今天我們只在分析這場戰爭而已，讓大家很清楚的看見，我們的敵人在哪裡？他用了什麼樣的戰略？而我們的戰略是什麼？有效？沒效？」我這樣說。

「莫老師這樣說，是不是要告訴我們，我們的敵人是自己？」爸爸一針見血說到重點，媽媽聽了也咧嘴而笑。

「爸爸說得沒錯！阿榮正在青少年階段，也正在發展自我認同，對自己尚不完全認識，在不了解自己之前，就忙著應戰，當然打出來的是混戰啊！而且還會見縫插針。」

我見三位都很認真專注在聽，我繼續說：「至於爸爸媽媽，你們也要找機會好好的去了解，自己何故加入了這場戰局？」

「你是說我們要夫妻婚姻諮商嗎？」媽媽問。

「你們的確可以考慮這安排，事情只是一個催化劑而已，把你們關係所存在的問題，引發出來。你們可以透過諮商，好好的表達內心的想法和需求，並且也認真聽對方的想法和需求。」我看著爸媽這樣說，媽媽則看了爸爸一眼，似乎在說：「這要看他願不願意啊？」

爸爸點頭說：「我是很願意跟我老婆能好好坐下來談，我沒問題。」

接著我回頭問阿榮：「至於阿榮呢？我們得要多聽你的想法，還有你的需要是什麼？你對自己的課業、未來，有什麼想法？大人是你的顧問，可以跟你討論，也可以給你必要的協助。最重要是當你的支持者，這樣好嗎？」

「好喔！打仗就要知己知彼，百戰百勝嘛！」阿榮拿起他的模型鋼彈在比劃著！

最後，我用了最常用的口吻為這次諮商做結束：「說得好！Give me five吧！」

心理師的暖心話

◆◆◆ 父母要同時學會「愛」與「管」的能力

在教養孩子時，其中父母最常問的問題是：管教孩子需要「黑臉、白臉」的角色嗎？

阿榮的爸爸和媽媽，分別就像黑臉和白臉，阿榮處在夾縫中，長期下來亦醞釀了一套在家中的生存法則，這套生存法到底對孩子的影響是什麼呢？

假若把黑臉譬喻為煞車，白臉譬喻為油門，我們都知道：一部車要從順利啟動、上路到停下，絕對不可能油門一路加到底。除加油門外，還需要適當的踩煞車啊！換言之，若由一方固定扮演「白臉」，另一方扮演「黑臉」，行駛起來確實會有重重的困難，且對孩子的發展恐有不良的影響，如下：

- 孩子在內心中對爸媽產生了「刻板印象」。刻板印象一旦形成，就會阻礙了良好的親子關係。如孩子會傾向靠向白臉，疏離黑臉。與白臉的關係可能從依賴演變成耍賴，而與黑臉的關係則是來個消極或積極抵抗。
- 一旦爸媽所扮演的角色是對立的，孩子或爸媽都不自覺的會開始一場心理遊戲，而心理遊戲的結果往往會令彼此關係更具有殺傷力，令家人之間不能坦然與信任。例如：孩子刻意抱怨黑臉的作為給白臉聽、白臉動用「請出黑臉」來威脅孩子、孩子請求白臉為他「守祕密」……。
- 夫妻在扮演固定角色的「黑臉」與「白臉」，並缺乏溝通、彈性與整合時，教養孩子則會陷入互相補償；最終可能是黑更黑，白更白，甚至會彼此指責教養的方式，至終會令教養的焦點失了焦。
- 固定的「黑臉」或「白臉」，就像前所述車子的「油門」和「煞車」，是缺一不可的；因而「單一固定」的教養方式，將無法獨立教育孩子。這樣一來，出於無力感，夫妻便會互相依賴，也會投射錯誤的期待在對方身上，期待藉由對方來解決心中的壓力及問題。例如扮演黑臉的爸爸在管不動孩子時，就會期待媽媽來替他執行他所期待的。

以上的問題不僅影響著親子、夫妻關係；此外，家庭中兩套對立的規則將對於形塑孩子的行為、價值觀等有相當大的障礙，未來人格發展也可能缺乏統整性，不利於情緒及人際的發展。因此，套回教養的觀點，「愛」與「管」的教養，就像開車時的「加油門」與「踩煞車」一般，是缺一不可。在實施時，一人能身兼兩者的功能，則堪稱是一輛好車。簡言之，父母任一方，不僅需要學會「愛」（白臉）的技能也要學會「管」（黑臉）的技能。兩者若能整合成功，就可以發揮十足教養上的「影響力」了！

【親子的暖心練習】

父母的愛與管教都是為了子女好，不過得思考過去的教育方式或是上一代父母親角色的特質，適不適合自己的孩子。

◎ 管與教，父母必須口徑一致，標準相同

對於未成年子女來說，父母親態度、口徑一致是非常需要的。不論年紀多大的孩子，有一致的準則，不僅較有安全感，也不會讓孩子在不同標準的父母之中鑽漏洞。當然，夫妻之間為了孩子管教落差的爭執也會減少。父母彼此之間可以先進行討論、把標準定下來，並且約定執行與提醒對方是否失準的方法。

◎ 父母都要學習如何扮黑臉與白臉

每個人都有自己獨特的氣質與性情，但是當面對孩子，較為溫柔的一方也許需要學會堅守立場，較為嚴肅的另一方，一定也會需要練習能讓孩子能夠親近的溫和態度。在教養標準一致的前提下，爸爸媽媽可以透過溝通與討論，互相學習、彼此練習，讓兩個人不僅標準一致，連態度都相同，對於孩子人格的健全發展，是非常有幫助的。

內心的優勝者與劣敗者爭鬥

如何幫助孩子覺察內心正反對話衝突並化解

有時孩子偷竊、說謊可能背面有其他更深層的原因，與其責備或懲罰，還不如先靜下心來幫助孩子覺察自己內心的需求，並協助他處理衝突情緒的化解，才能徹底解決表象問題。

國一阿祥三番兩次的偷錢行為令父母傷透腦筋；父母使用威脅責罵和各樣處罰方式，都改變不了阿祥的偷竊習慣。爸媽發覺到若沒有找出問題的癥結點，無論實施多重的懲罰，偷竊的行為仍會發生。

我假設偷錢的發生可能是因阿祥有用錢的需求，但因某原因而荒腔走板的演出，以不當的方式來滿足需求。因此，我先詢問媽媽是否有給阿祥零用錢。

阿祥媽媽說：「他有什麼需要，只要合理的，我們都會買給他，但不曾給過零用錢，我們怕他一有錢就會全花掉。」

我跟阿祥單獨談話時，他也有心理準備要談有關偷錢的事。我們的談話從「零用錢」切入，我想了解阿祥對零用錢的看法，包含：他想要有零用錢嗎？他對零用錢的需求是什麼？多少的零用錢是他認為足夠的？等等。

◆◆◆挖掘孩子心裡的需求

「我知道你現在沒有固定領零用錢，你希望爸爸媽媽固定給你零用錢嗎？」

阿祥聳聳肩說：「不知道！」

「如果爸爸媽媽要給你零用錢，你希望每天、一星期或一個月給你多少？」

阿祥重複聳聳肩說：「不知道！」

阿祥的回應表面上似乎對「零用錢」毫不在乎，真的是這樣嗎？當然不是！重複聳聳肩地說：「不知道！」是要透露什麼樣的訊息呢，這是諮商的重要工作目標。

為了讓阿祥覺察「不知道！」的訊息，我一人分飾兩角，站起來，邊說邊演給阿祥看：

「阿祥，我打個比方，有一個大人和一個小孩。一天，這小孩肚子餓了，他向大人表示說：『我肚子餓了！』大人聽了後就聳聳肩說：『不知道！』接著就離開！」

「然後，這小孩很無言啊，他只好忍受肚子餓……。」

我注意到阿祥非常專注地在注視我的「演出」。

「過不久，這小孩又感覺他口渴想要喝水，他向大人表示說：『我好渴想喝口水喔！』大人聽了後又聳聳肩說：『我不知道！』然後又走開了！」

「一次兩次，都同樣聳聳肩說：『我不知道！』、『我不知道！』、『我不知道！』就離小孩而去！」

誇飾的演出讓阿祥噗通笑了出來。

我坐回位子注視阿祥雙眼：「阿祥，這個小孩就是小小祥。你對小小祥，小小祥就是你自己，是不是也像這樣呢？當你有需要時，你不理會自己的需要，還對自己說：『我不知道！』就跑走了。小小祥一次、兩次、好多次都不被理會，他很著急，很無助，他覺得都沒有人要理他。」我使用了阿祥對小小祥，是原自於我們每個人的內在其實存在各持著不同慾望和情感的小自我。

「最後，小小祥受不了了，就自己想了一些方法為的是『自求多福』，你知道他用了什麼方法嗎？」

阿祥憂愁的表情看著我：「去偷別人的錢！」

「阿祥，當小祥去偷錢時，你會怎麼樣？」

阿祥同樣老話一句：「我——不——知——道！」

我接著：「哇～～又跑掉了！不想管任何小小祥惹出來的事，對不對？但畢竟紙包不住火被發現了，還被罵個臭頭啊！」

阿祥看著我，想說什麼但又說不上來的樣子。

◆◆◆◆讓孩子自我覺察問題所在

在我和阿祥對話的這過程中，他感受到的不是被指責，所以我們之間沒有攻防戰發生，阿祥很真實且帶有些懊惱。經過具體化的演出和討論，阿祥覺察到兩點：第一、自己是有需求的，但卻被壓抑住不願正視它；第二、自己如何解決被壓抑後的需求，他使用的方式則是奮不顧身的用偷的方式來滿足需求。

具有關愛與接納的覺察是改變的重要一步，阿祥不僅產生了對自我的覺察，同時也產生了面對自己的需求和做法的意願。

「你可以為小小祥說些話嗎？」阿祥仍舊看著我，但眼神透露的是疑惑：我要為小小祥說什麼？

我再補充說明：「小小祥的委屈是什麼？」

阿祥說：「沒有人理他。」

「你最清楚小小祥為什麼需要錢，對不對？」

終於阿祥平心靜氣地去思索他用錢的需求，也告訴我：「我只是想要有錢在身邊，在外頭想要買東西的時候，可以有錢。不用老是跟爸媽要。」

阿祥這樣的想法是對錢的自主需求，接著我鼓勵他向父母表達出來。經過阿祥的同意後，我請爸媽進入諮商室。

在父母的面前，我說：「阿祥能清楚的表達出內心的需要是很重要的，你們希望能聽見他親口說出來的需要嗎？」

爸媽立即異口同聲說：「當然啊，我們很願意與了解！可是他都不說。」

阿祥也立即回應：「說了也沒有用啊！你們都不聽。」

爸爸疑惑的問：「我們都不聽？是哪一次我們沒有聽你說？」

◆◆◆◆ 當孩子表達內心需求，父母要能接住並正視

阿祥想了一想，把他記憶中父母沒有回應他需求的事件都一一說了出來，父母也平心靜氣的聽他說，並且卡在阿祥心中的往事都一一得到了釐清。

例如：阿祥說了其中一件事：「我希望你們能讓我養一隻狗，可是遲遲你們都沒有同意。」爸爸回應阿祥的是：「我們不是不想養，而是希望搬去比較大的房子時再養，這樣狗狗能活動的空間也變大呀！」

我在旁邊聽著阿祥和父母的對話，我看見阿祥勇敢面對自己的需求，有些事情爸媽的確為了某種原因而輕輕把事情帶過，這些也都累積成了阿祥心中的「沒希望」，而我適時的告訴父母：「你們沒有對阿祥回應清楚，所以阿祥沒有接受到你們的訊息，所以在他心中會認為你們忽略他、不重視他。然而，阿祥可說是認真的

孩子，對於你們沒有給他回應，他會牢牢記住的。」

隨著一一事件的被釐清，阿祥的臉龐逐漸脫去了「毫不在乎」的僵硬表情且被輕鬆與笑容替代了。

最後我問阿祥：「阿祥，你把你的需要說出來，你感覺如何，心中有比較舒坦嗎？」

「有！」阿祥很輕鬆的回答。

媽媽也接著說：「阿祥，媽媽希望以後你可以像今天這樣，對我們無話不說，我們也要記住必定要認真的回應你。」

有了一個暢通無阻的溝通管道後，阿祥再也沒有發生偷竊的行為了。

心理師的暖心話

◆◆◆◆具體化內在衝突讓孩子覺察

阿祥的故事是在反映與大人之間沒有暢通的溝通管道，以致他把很多的需求都壓抑著，再來自求多福。然而，在我們的心中，往往也會把過去我們和重要他人的互動經驗，內化到我們內在，以致我們跟自己的相處模式就是一個和重要他人的翻版；阿祥亦是如此。因此，我先具體化其內在的衝突來協助他產生覺察。

完形心理學派分別以「優勝者」和「劣敗者」來指出我們內在衝突與不一致。「優勝者」扮演著命令、指示、責備和批判的角色，他也代表著個人認為「應該」的部分，此部分通常來自自小無形中內化了大人或父母的要求，舉例阿祥而言，他的優勝者的發言是：「你不應該要求這麼多……。」

「劣敗者」則是受到壓迫，但他透過消極抵抗，蓄意破壞優勝者的命令，是屬於狠角色，常成功阻止優勝者採取有效行動，他通常也代表著個人認為「想要」的部分。舉例阿祥而言，他的「劣敗者」沮喪的反應：「算了！」同時以偷竊作為消極抵抗優勝者的手段了。

上述兩股勢力，一旦在個人內心中開設了戰場，彼此對立、爭執，最後就造成了混亂、不安、能量耗損，以致於使個人陷入僵局，無法做出有生產力的行動，更嚴重的是會發展成憂鬱。例如當優勝者對劣敗者說：「你簡直沒有用，懶惰、懦弱、笨拙，沒救了！」也就是自責，自己罵自己，而此時劣敗者大概就會焦慮、投降、絕望憂鬱，甚至可能萌生自我傷害的念頭。

◆◆◆◆ 正視孩子內心的爭戰

其實每個人或多或少都經歷過這內心掙扎的戲碼。好消息是：這戲碼是可以改編的，首先就從我們是否自覺內心的對話開始。並且這內在聲音或許因太小而無法聽得清楚，所以必須仔細聆聽這內心的對話。此外，無論是「優勝者」和「劣敗者」

那一方，其實他們皆具有被肯定的價值，所以兩方的聲音我們都盡可能了解和尊重。

【親子的暖心練習】

如何幫助孩子覺察我們內在的衝突呢？我建議先找一個安靜單獨的地方，預備兩支不同顏色的筆，分別代表「優勝者」和「劣敗者」的聲音，將這對話寫下來。接著的下一步就是改編原始的對立性對話，引導雙方協力去合作完成目標或計畫。看完以下的例子就更易明白了。

陳先生不想要繼續待在原有的工作，他想要轉職成為公職人員，他面對即將到來的考試，苦於遲遲未開始執行讀書計畫，且一直虛度時間，於是他非常焦慮，只要一想到來不及，內心就極度不安。他無法集中心思，更無法安穩入睡。以下就是陳先生的內在「優勝者」（稱大陳）和「劣敗者」（稱小陳）之間的部分對話。

大陳：「完了，就算你現在開始也來不及了，你真是不負責任，考不上公職，一輩子做這低層的工作，真是完了！」

小陳：「像這樣一直讀一直讀，誰受得了啊！不是工作就是補習唸書，我覺得很煩了，只想打電動和睡覺！」

大陳：「你搞什麼呀？現在最重要的是拚考試，考好才有未來才有前途啊！以後再享樂也不遲嘛！」

小陳：「你說的是沒錯，但我只想放空，老是被你牽著鼻子走！難道你不懂嗎？」

以上對話是原來一直處於僵局、互不相讓、耗損的局面。接下來，陳先生試著突破這局面，先從認同肯定彼此的優點開始。

大陳：「放空也是有幫助的，可以從中獲得輕鬆的調劑，更能集中精神在考試的準備上。」

小陳：「也非常謝謝你如此賣力想要有好的前途。過去曾經的堅持與努力，也讓我們能生活下去。但，現在的考試準備似乎也太過拚了，請給我一些空間吧！」

大陳：「我明白也同意！你說該怎麼做呢？」

小陳：「星期日我想整天放空，想打一整天電動！」

大陳：「開什麼玩笑，一整天打電動，這不可能！但～除了電動，去運動一下，這樣倒是不錯，不能只有手指運動，也要身體動啊！還有，要是能先把進度完成再去玩，就有玩的理由了。」

小陳：「就這麼決定，不過在打電動時，不可以令我有貪玩的罪惡感哦！」

大陳：「我知道你需要休息，星期一早上之前，我一定不打擾你。」

在取得雙方同意的協議後，陳先生內在的糾葛和掙扎被擺平了。

剛開始執行這樣的書寫對話，我們可能會感到「下載速度」較慢，但一回生兩回熟，慢慢會熟悉這做法的！當大人先學會擺平內在的衝突時，自然對孩子的回應是整合且有效能的！

三百天家庭諮商的改變之旅

如何將破裂親子關係彌補回來

在家庭中經常會有因愛而彼此傷害的戲碼，而且歹戲拖棚，結果被消耗最多的就是親子之間彼此的親密關係，該怎麼辦呢？或許透過專業的諮商，可以協助家庭找回往日愉快的情感，修補彼此正向的愛的關係。

諮商室內爆發極大的怒吼聲，十七歲的阿勇聲嘶力竭的對著媽媽嘶吼：「你為什麼要嫁給那種人，不，嫁給那隻死肥豬？！他害我今天在人面前這麼自卑、這麼沒自信——你，你是一個笨媽媽，你今天要怎麼補償我？——沒用了，做什麼補償也沒用了！我一生就這樣被毀了，我不甘心、不甘心……。」

媽媽很憂傷、很無助的眼神看著我：「老師，該怎麼辦？他情緒就是這樣常爆發。家裡的東西被砸爛很多了，經常鬧到半夜、清晨，我們都無法入睡，隔天還要上班。」

「冰凍三尺，非一日之寒，阿勇的『結』早已埋藏在心中多年，這『結』若沒有打開，大家都很受折磨，不只是你和爸爸，阿勇也很痛苦，他其實過得很不快樂。」我說。

「我知道，我知道，但三尺的冰，要多久才能清除呢？」媽媽是直接承受阿勇情緒宣洩的對象，以及被他情緒勒索，他曾要求媽媽給他大筆的金額玩樂、私自購買昂貴的名牌東西等等。此外，在媽媽面前，抵制爸爸、否定爸爸。

「也許是三十天，更久是三個月，再更久是三百天、三年……端看你們如何改變，並成功翻轉你們原來的互動關係？不是將它清除，而是將它融化。」我看著媽媽和阿勇如此說。

◆◆◆◆冰凍三尺，非一日之寒的親子關係

這三尺的冰從阿勇幼時的時候就開始累積。

阿勇告訴我：「我只要稍微有聲音，不管是哭還是玩的聲音，他就受不了，還

會打我的頭。我在學校發生什麼事，只要老師告知，不分青紅皂白，回來肯定被處罰。我成績考不到他設定的目標，他說我將來『一事無成』，罵我是白痴、笨蛋。再長大一些，同學放學後揪去打籃球，他不讓我去，他總是告訴我：外面很危險。我愈來愈變得自閉，久了同學不會找我，在同學群中我像隱形人……。」

面對這三尺的冰，媽媽很積極的說：「我很願意改變，我知道今天會這樣，父母要負很大責任，但爸爸——我就不知道了。不瞞你說，爸爸對孩子現在所爆發出來的憤怒情緒無法接受，他認為之前都沒這麼嚴重，為什麼來諮商後，情緒更強更失控，他質疑我帶孩子來諮商。我跟他解釋，這是孩子內心累積了好幾年的情緒，諮商讓他把對過去的不滿傾倒出來，這是必要的過程。」

「那隻豬，連自己做錯什麼，到今天都不知道，不奢望他會改變！」阿勇發洩情緒的背後，除了是因過去的傷，還包括他感到失望，因父母直到如今依然不了解他，認為他是在無理取鬧。

「好的，阿勇媽媽，我們不能等爸爸改變，我們就從自己做起，你也嘗試將我們所談的轉達給爸爸，找機會邀請他一起來。」我先對媽媽說，再轉向對阿勇說：

「阿勇，給大家一些時間，也給自己一些時間沉澱心情，這可能是三十天或三百天的關係改變之路。之前走錯的路，我們不要再走，我們有新的路可以選擇。」阿勇身陷情緒的荊棘中，對改變不抱任何的希望，他需要看見的是父母具體的行動。

◆◆◆

改變不必等，先從自己做起

我邀請媽媽向阿勇表達願意改變的承諾，媽媽馬上回應了：「阿勇，媽媽真的是一個笨媽媽，我沒有盡到了解你、保護你、協助你的責任，我願意從今天開始盡我所能的來了解你的需要，我願意從頭學起。如果媽媽誤解了，請你告訴我，這樣可以嗎？」

阿勇嘆了一口氣，斜眼看了一眼媽媽：「早不改，到現在才改。」在負向的表達中，阿勇其實是接受了媽媽改變的承諾。

「今天是改變的第一天，值得將它記錄下來。不要灰心，改變才要開始！」我再次的激勵阿勇。

「媽媽，記得你有一個任務是把爸爸找來，我們單獨談談。」離開前，我提醒了媽媽。

自從媽媽承諾改變，加上媽媽持續陪伴阿勇一起來諮商，在諮商的對話中，媽媽學習傾聽、了解孩子，也學習如何回應，阿勇對媽媽發洩情緒的頻率減少了。

◆◆◆◆ 父母諮商改變遠比孩子更重要

然而，媽媽承諾改變後的兩個月，阿勇在家的情緒又嚴重爆發了，起因是聽見爸爸對媽媽隨口說了一句：「家裡的開銷大部分都花在孩子身上……。」

阿勇無意中聽見了這對話，衝向爸爸怒吼，指著他的鼻尖：「你花在我身上的錢，一點都不能彌補我的傷痛，你除了會賺錢，還會什麼？！」一發不可收拾的情緒又點燃開來。爸爸深知正面迎戰會惹來更大的災難，因此他選擇了離家。

阿勇爸爸深夜獨自一人開著車，漫無目的，悲傷感嘆的心情湧出，阿勇爸爸思索了很多：「這是我的家，為什麼我不能回家，也不敢回家？」

內心不斷浮現的想法促使阿勇爸爸打了一通電話給媽媽：「孩子到底是怎麼了？他在懲罰我們嗎？」

就在那天晚上的電話中，媽媽利用機會說服爸爸來見我，我安排了一次單獨和爸媽的諮商。

我第一次見到爸爸，眼前的爸爸面容明顯的憔悴，他這樣表達了內心的苦楚：「我快失去這個孩子了，是嗎？我感覺他在對我報復，而且我見到他，心中還會有莫名的恐懼，已經持續好幾個月，我都藉故加班晚回，就是為要避免和他相處。」

「孩子其實是怕你，但他現在想要對抗你，因為他覺得你傷他很深！」媽媽率先回應了。

「老師，是媽媽說得這樣嗎？我也是這樣長大的，但我不會對我的父母有如此的態度！更不會想報復他們。」

「每個孩子接受訊息、處理訊息的方式不同。舉個例子：阿勇能鉅細靡遺的記得許多事，這些事記在他大腦裡有如高畫質的影音檔，所以對於過去你的聲音、臉色、場景，他都很記得，揮之不去。你記得曾經你將他最愛的白色小熊丟掉嗎？你對他說『男生不許抱娃娃！』」

爸爸想了一下：「我不記得了！但這句話像是我的口吻。」

「阿勇是個敏感的孩子，你不記得的他都記得。屬於傷害的記憶，就像在心中劃下一刀……。」

還沒說完，媽媽想起過去趕緊作補充：「有，他小時候有一隻白熊，是老師送給他，因為他得了進步獎。」

「他牢記過去的傷害，這麼多仇恨在心裡，能改變得了嗎？」爸爸開始有些許了解阿勇傷的來源。

◆◆◆◆ 父母也要學習當父母

過去爸媽都用自身的經驗和想法來教養阿勇，忽略了阿勇的感受，並且阿勇所接受到的是負面的經驗多於正面的。也因當時年紀小，喊不出內心的受傷，即便表現出不悅，仍舊會被父母負面的語言標籤化：「你就是這樣不乖的小孩。」

媽媽回應：「老師說過『冰凍三尺，非一日之寒』，需要時間。三尺的冰，可能需要三個月、三百天，或三年。自從兩個月前我承諾阿勇我願意改變，他對我的不滿情緒的確有收斂許多，無論是強度或頻率。」

爸爸點點頭：「我希望能用最快的速度將冰融化，老師，請教教我們。」

在結束第一次與爸爸見面的諮商時，我這樣鼓勵爸爸：「只要願意，一定會有成果的。這改變的過程，一定不要害怕失敗、挫折。我們以三百天為目標吧！媽媽這兩個月的努力，有了一些成果，爸爸加油！」

爸爸來諮商後，雖不再採取強硬的方式，但內心一直按捺著被阿勇衝撞的情緒，儘管阿勇對他咆哮，他不是忍耐、道歉，再不然就是想些辦法轉移阿勇的情緒。

阿勇這樣形容爸爸：「他並沒有真的改變，他只擔心我給他添麻煩，他在安撫我的情緒，想給我摸摸頭而已。哼！他其實是『笑面虎』一個。」

陪在阿勇身旁的媽媽也小心翼翼的，不敢為爸爸多作解釋。曾經媽媽說：「爸爸其實想改變，他知道自己之前做錯了許多。」此話一出，阿勇對媽媽大發雷霆：「你這是婦人之仁，我被你的婦人之仁害過許多次了！」

◆◆◆◆協助孩子把焦點移開，專注內心感知

阿勇面對自己的內傷，需要自我負起一些責任，因此我把焦點移開，協助阿勇

做更有效的選擇：「如果你爸真是『笑面虎』，總有一天他會露出真面目，我們就不需要花時間揣測，但我們一定要花時間幫助自己，尤其幫助自己的情緒。」

阿勇點點頭，焦點又再次回到自己的身上：「我脾氣愈來愈不好，很難控制。糟的是，我在學校和機車的教官槓上了，原因是他挑我服裝儀容的毛病，我很不爽，就回了他：『要你管！』，後來他記我過，我更不爽，我又嗆他。搞到最後，我冷靜下來去跟他道歉，他竟不給我消過。」

阿勇很在意被記過這事，媽媽到校和教官溝通，卻被教官指著鼻子說：「我不接受『媽寶』的請願，你回去吧！」教官強硬的態度讓溝通停止了。

阿勇深知自己的壞脾氣對他很不利，他在積怨心情的同時，也在面對處理家以外情緒和人際問題，搞得他精疲力竭。

爸爸知道阿勇遇到這困難，心中也忿忿不平，在我和爸爸單獨諮商時，他說：「教官不了解我們家，從何作這樣的批評？教育的目的不就是要讓學生有改過學習的機會嗎？」

聽見爸爸這麼說，我鼓吹爸爸可以作更積極的事：「爸爸，這一次由你出面和教官再溝通，你認為呢？」

結論是：爸爸在阿勇不知情下，主動到校找教官再次溝通，爸爸堅定的說出他的立場和觀點，期盼教官能聽懂和了解，給孩子再一次機會。

爸爸也對教官敞開自己在教養上的改變：「這是我第一次到孩子學校來，參與他的事，之前我是別人所形容的那種虎爸，他若有什麼不對，一定都是他的錯，回到家會有第二次處罰的。教官，我的小孩不是媽寶、爸寶，他缺乏被我們了解、被我們愛。」

◆◆◆◆父母改變，孩子都看在眼裡

教官被爸爸有立場又具有誠意的溝通態度軟化了，阿勇獲得了做愛校服務來消過的機會。之後再見到阿勇時，阿勇很疑惑說：「我媽說教官被我爸說服了，他有這麼厲害嗎？」

「你說的『厲害』是指他溝通能力很厲害？還是對你的事他大大轉變態度和作法的這一點很厲害？」我希望能釐清阿勇對爸爸的感受和看法是否有重新被框架。

「嗯，兩種想法都有。」阿勇回答我，似乎想到了什麼，再補充：「今天是幾號？哇！三月八號，距離上次，你說『冰凍三尺，非一日之寒』，已經將近六個月了。」

爸爸這次的出擊，立了一個大功勞在阿勇心中。雖沒有正面的表達出感激之詞，然阿勇明顯得表現出平靜的情緒，對爸爸改變的信心大步跨進了。

我接著說：「阿勇，你都有在數算日子喔，有多少的冰已被融化呢？」

阿勇回答：「一半吧！面對他，跟他說話，內心還是有除不去的恐懼、生氣。」

媽媽見阿勇對爸爸敵意消除了一半，對他說：「爸爸去學校見教官那天，剛開始教官態度很差，你爸爸並不是笑臉以對或賠不是，他也蠻強硬的，我感覺到他在捍衛你。」

「阿勇，爸爸捍衛你，表示你在他心中很重要，你再多感受這一點，下次來再告訴我吧！」我說。

阿勇每次來，都會告訴我，他感受到爸爸用心了什麼，即便是芝麻小事也會記在阿勇心裡，例如：「早上爸爸進我房間問我要吃什麼早餐？他幫我去買，過去的他是買什麼我們就得吃，不能有其他意見。」

◆◆◆

從冰凍到融化，跨出改變第一步最重要

距離三百天目標剩下一個月時，也正是阿勇畢業前的一個月，阿勇從學校回來，將一封邀請信交給爸爸：「爸爸，這是教官今天早上請我交給他的，他推薦你當畢業學生的家長代表，在畢業典禮那一天，上台致詞。」

阿勇爸爸的表情楞住了，三秒後轉神過來，問阿勇：「你希望我去嗎？」

阿勇點點頭，爸爸緊握著他的肩膀說：「好！我不會讓你失望的，我會好好表現，為你在學校爭光！」

阿勇和父母關係改變的歷程，歷經了幾個重大的轉折點，從冰凍到融化，三百日，他們彼此的努力，有了成果！

心理師的暖心話

◆◆◆唯有「無條件的改變」，才能帶來希望

在家庭中經常會有因愛而彼此傷害的戲碼，一集接一集、一齣接一齣，演員演得極累又沒回饋，然而卻好像有一股「外在的魔力」，導致無法喊停，只好讓歹戲拖棚，結果被消耗最多的就是彼此的親密關係，包含：親子、夫妻和手足的關係。

要讓歹戲停止，換成別齣讓關係有生產力又有盼望的戲，該是如何開始呢？在數萬個小時的諮商工作中發現，唯一會帶來改變的就是：只要任何一位家庭成員首先成為改變的開路先鋒，接著其他的成員也會樂意做出改變。所以一旦聽見某家庭成員喜悅的說：「我的誰誰誰改變了，他以前——（如何），現在——（如何）。」漸漸的，原來的歹戲就會落幕！

然而若有家人以為要實現以上所說的，就懷著這樣的想法：「那我就先退讓，看他會不會有所改變？」如此一來，改變動機變成是為了「控制」對方而作出的退讓，那麼結果到頭來，只是仍然陷在原來的歹戲中；不僅不會帶來任何改變，甚或可能讓關係的裂縫加劇。在諮商室裡最常聽到改變的父母一方氣憤說：「我已經改變了，你還是老樣子！真是扶不起來的阿斗！」這類話語，會導致孩子這一方對關係感到更為徹底的挫敗和失望：「他的改變原來是假的，我再也不相信他！」

因此，改變並非以「控制」為目的。因為控制乃是有條件的，改變卻是無條件的；無條件改變的好處是：個人生命本質更為成熟，同時能增進個人所不純熟的技能。因此，當改變發生時，最受益的人先是自己，再來是你身邊距離你最近和最愛的人。

從阿勇的故事來進一步說明，當父母在為孩子煩惱，苦於何不手上有一隻魔法棒，能讓孩子在剎那之間，其所有問題都能消失時，父母所能做的就是自己先「無條件的改變」！

◆◆◆◆ 辨認生命改變的兩項重要指標

經常當父母被建議：你要改變時，父母通常都會有莫名的防衛，經常會和「問題」聯想在一起，如：我很ＯＫ，沒有問題、是別人造成我的問題、我是付出最多的人，怎麼會是我的問題？為什麼要求我要改變，而不是他改變？以上的各種想法，是無條件改變的最大障礙。其實無條件的改變不僅不會讓個人有任何的損失，反之是滿滿甘甜的祝福。

在辨認生命是否真的有所改變時，有兩項重要的指標可以協助你我辨識出來：

一、**能接納彼此的差異，並以了解取代控制：**就父母而言，無論是對年齡小、大的孩子或是特殊的孩子，都可以積極跟隨和對話。因為接納，我們內心的含容量增加，我們的眼光更為寬廣，更為我們自己的生命帶來無法測量的境界！

二、**以「愛」為源頭，包容接納一切的失敗、不足、不如意，並為其創造出影響生命的影響力：**這也就是關愛與管教的完整整合。因為這樣以「愛」為出發點的想法，能幫助我們整合原來存在於我們內心極兩端並衝突的想法。舉個例子，「處罰」與

「溺愛」就是一個兩極化衝突的例子，當父母面對孩子做錯事時，經常陷於：不處罰就是溺愛；但處罰則會傷害彼此的關係，因此通常是在二選一之下，作出了其中一個選擇。但是往往做完了，卻未造就孩子的生命。反之，在愛的驅力下，才能在兩極端中創造出一種有影響力的作法。

【親子的暖心練習】

親子關係的品質，都是一天一天累積而來的，並非一日就能促成，當然，要改變也需要時間。唯有回到愛的原點，才能慢慢修復親子關係。

◎喚回你對孩子最初的愛

記得剛出生抱在懷中的孩子的模樣和當時的心情嗎？那時，你對孩子滿滿的愛，單純且無條件，不會企求任何回報，現在是否還是一樣呢？有沒有隨著孩子的成長，那份愛變成了「控制」，變成了條件交換？請思考一下，管教孩子的準則，是真心了解孩子的需求，或是想要控制孩子，讓日常生活更順遂而已？舉凡：功課、補習、才藝等等，都可以重新思考一番喔！

◎告訴自己：只要自己改變了，孩子也會跟著改變

常聽到爸罷媽媽口中說出的一句話便是：「我已經改了，你怎麼還是一樣？」這對孩子來說是個讓人灰心的回應。因為這是有條件的改變，這不是真正的改變，對孩子來說更是雪上加霜，徒增負擔的。所以請爸爸媽媽，靜下心來，無條件地為親子關係做出改變，那份真心，孩子能夠感受的到的。

卸下人生勝利組的包袱

如何協助拒學的孩子回到正軌

我們在做許多事情時，難免會有倦怠感。同樣地，孩子在學習的過程中，總會有倦怠期，甚至拒學了，面對孩子的改變，作為父母的我們，該如何協助孩子找回學習動力？

小樂的家庭是人人稱羡的模範家庭。爸爸是校長，媽媽是老師，小樂不負眾望，小學六年來皆是五育表現的佼佼者。更讓父母感到驕傲的是：小樂非常自律，自動自發地學習，亦沒有補習。因而，父母經常對著親友們說：「除了前三年，他需要父母照料外，其餘他都自己自理得很好。」父母倆給了孩子一個極度開放的空間，小樂就在這樣開放的空間中，自己慢慢長大了。

然而，在欣慰之餘，小樂自國二開始鬥志逐漸消沉，當爸媽發現異狀時是學校寄了多張警告單到家裡，包括：遲到、缺交作業等。爸媽驚訝不已的心情立即轉為生氣，因而輪番訊問、責備小樂。然小樂的消極、冷漠回應，更令爸媽丈二金剛，摸不著頭腦，僅僅知道：他厭倦了上學、拒絕任何和學習有關的事，父母心中對此情況有諸多揣測，直到小樂已經連續請假，甚至不去考試、多半時間將自己關在家中的房間。一天媽媽在無助，忍無可忍之下，衝進了小樂房間，進入眼簾的是：上百本的漫畫堆積在床邊、地板上，小樂躺在床上看漫畫。這一幕頓時觸動了媽媽多日來壓抑住的負面情緒，像洩洪般傾倒出來……。

「原來你不上學、不考試，就是被這些漫畫迷惑了……看這些漫畫要幹嘛，可以當飯吃嗎？——你花了多少錢買這些漫畫，我告訴你，我會在一瞬間讓這些漫畫消失……。」媽媽開始執意要清除這些漫畫，這行動是這段煎熬日子以來，唯一「可做」的事，好像做了就是在「解決」這些無解的問題。然而，此時媽媽驚覺到在旁的小樂非但沒有阻止，反而默默無聲的冷眼旁觀，眼淚卻在眼眶裡打轉，媽媽剎那間的驚覺使她停下了清除漫畫的舉動。

「小樂，我們去尋求諮商，看是否能幫助我，也幫助你吧！」媽媽向小樂提出了建議，小樂沒有正面的表態，似乎是不置可否的同意了。

◆◆◆再優秀的孩子，也有疲憊的時候

小樂和爸媽一起到了諮商所來尋求協助。爸爸先是開口的人：「我和媽媽雖然都是學校校長、老師，我們家發生這樣的事，身邊的人肯定會用異樣眼光看我們。可是我們別無選擇，我和太太決定要盡所能陪伴這孩子。」眼前的爸爸放下教育權威的身段，表達了當初孩子發生狀況時，如何從措手不及的錯愕、失望、生氣、擔憂、難過中度過，最後決定要好好陪伴孩子面對人生的低潮。

媽媽聽完爸爸的敘述後也表達了這段時間以來的心情：「雖然沒去上學，我想小樂並不快樂，我也不知道該如何幫他，甚至我可能做了對他有傷害的事，他心中若有恨，我希望他也可以對老師說出來。」媽媽說了母子之間這段時間來的互動，從爭吵、肢體的拉扯到彼此的關係幾乎是降至冰點。

爸媽在述說的時候，小樂在旁緘默不語，後來我決定先請爸媽到外頭等候，我單獨和他談話：「小樂，你願意告訴我，今天來最主要是想和我談什麼嗎？」

或許是壓抑了好長一段時間，也或許小樂認為我是他目前談起話來，可以讓他感到沒有包袱的人，小樂表達了這段時間以來的想法：「我從進入國中後，常常在想：『我為什麼要讀書？為什麼要筆試？為什麼要考試？』我以前都認為這些都是理所當然的，但現在覺得好煩，可是不努力做好它，沒考到好成績，又很愧對自己、愧對爸媽、愧對對我有期望的人……。我不想再繼續過這樣的生活，但卻又沒有其他選擇。就像媽媽要清除我的漫畫，我內心覺得應該，但又覺得不應該……。」

我聽見小樂內心存在著很多雜亂又矛盾的心思意念：「你內心有好多掙扎，對制度、對自己感到疑惑，又對關心你的人感到愧疚。這麼多複雜的感受，真是難消化呀！」

他點點頭，垂頭喪氣的說：「想到心很煩的時候，就去看漫畫，暫時逃避吧！我知道這樣很不好，但是……我也不知道該怎麼辦？」小樂面對內外的壓力，一個人獨自承受，因而壓力是加倍的大。所以經由好幾次的諮商，我邀請他去說出內心種種具體的想法和感受，以及曾經發生過的事件，目的是幫助小樂把內心承載了好幾噸的垃圾清一清。

「小學開始，我就很不喜歡去安親班，每次我總是刻意讓功課在最後一刻寫完，這樣我就可以直接回家，避開寫一堆的評量。老師請我把評量帶回家寫，但我把它丟了……。我成績考得還不錯，久了，他們也沒那麼逼我寫。」

「到了國中，不用上安親班了，但有第八節課，還常常考試，跟同學約打球都約不到，同學不是要留下來補考，就是要去補習班，生活實在無聊透頂！」

「我爸媽雖然不逼我唸書，或規定要考什麼樣的成績，但我會自我要求，分數很難看時，我會好難受，把考卷撕了！有一次考試時，我看著手上發下來的考卷，密密麻麻的字，看著看著，我心裡問自己：『考這些試要幹嘛？』」

◆◆◆◆陪伴孩子，讓家庭重新連結起來

小樂逐漸說開來後，在某次諮商中，經過他的同意，我轉述了小樂內心掙扎及種種的想法、經驗，讓爸媽了解。爸媽聽了了解之後，媽媽問：「我們現在能做些什麼呢？」

我說：「小樂很需要陪伴，盡可能的去了解他喜歡什麼、在想什麼，多給予他一點空間和資源，或許會有讓我們意想不到的結果！」

爸爸和媽媽對望了一下，爸爸說：「我可以陪他運動、打球！」媽媽也說：「我陪他看漫畫好了！」

之後，爸媽果然身體力行，除了陪伴，還有一起吃吃東西、輕鬆聊天。我曾單獨向小樂確認他對爸媽的陪伴是否感到愉快或感到有壓力。

「還好啦！我覺得氣氛還不錯，蠻輕鬆的。」小樂如此回應。

媽媽也回報說：「其實……我很不愛看那些漫畫，也看不太懂，可是為了陪伴他，我每天花一些時間，坐下和他一起看漫畫。現在略為小懂漫畫要怎麼看了。」

不只陪伴、全家一起諮商，將家人間的關係連結回來，也賦予小樂的自信心。就這樣過了一段日子，果真發生了奇妙的效果：有一次在家庭諮商中，小樂對爸媽說：「我發現我不一定要讀高中，其實我真正的興趣是設計和畫畫，你們同意讓我去選讀美工或設計科嗎？」

媽媽說：「你從小就很愛畫畫，也有老師稱讚過你在這方面很有天分，你想選這門科系，我是不反對的，爸爸呢？」媽媽眼神轉向爸爸問。

爸爸把身體轉向兒子說：「爸爸從小不知道自己想要什麼，總是跟著別人的意見走，到了我這個年紀了，我才曉得人是可以有很多選擇的，選擇了也不一定就這樣走到底，但都不浪費，都是人生經驗的一部分。兒子，你就選擇你想要的吧，爸爸支持你！」爸爸拍拍兒子的肩。

接著爸爸補充說：「至於現在上學的事，你想去就去，不去我們幫你請假。請假若不成，我們可以申請自學，這一方面的事，爸爸都幫你探問好了。」

我看著爸媽如此篤定的眼神，希望能再次賦予爸媽的想法，我這樣問他們：「你們何來的信心，如此堅定地支持小樂的選擇呢？」

「我只有很單純的想法：我希望小樂快樂，做自己想做的事！」媽媽的想法。

爸爸顯露出有些得意的笑意：「老實說，我是對自己有信心啦，我們生的小孩、養的小孩，壞不到哪裡，而且行行出狀元，去做就對了！」

小樂的志向確定也被認同之後，輕鬆喜悅的表情寫在臉上，開始和爸媽討論起該如何為未來想要選擇的美工相關科系作準備。

◆◆◆◆ 父母來做孩子的後盾與啦啦隊

經過了數個月，又是全家諮商的時間。

「昨天放榜了，小樂，你自己告訴莫老師，你上了什麼學校。」媽媽笑容滿面，想必是很滿意這樣的結果。小樂慢條斯理的坐下，撥了一下前額的劉海：「我上了XX高職美工科。我超開心的，爸媽也都很開心！」

「哇！你們有因此而慶祝嗎？」大家的喜悅同時也感染了我。「有啊，我們先來報好消息給你聽，待會我們要去餐廳大吃一頓了。」

大家輪流分享了從等待放榜直到知道結果的心情。在談論間，媽媽回想到過去的事：「在一年以前，我可能無法想像今天這樣的局面，雖然經過一段那麼難熬的日子，感覺像是差一點失去了這個兒子，可是現在我看到小樂每天都好忙，但他是快樂的，是不是啊，小樂？」

小樂點點頭：「我現在為我自己想要的在努力著，即便會遇到挫折，但這些挫折都變得有意義了！」

心理師的暖心話

◆◆◆ 面對孩子的拒學，父母可以試著了解孩子內在需求

當家中孩子在學習上偏離了軌道，沒有學習動機、不想上學，作父母是心急如焚，眼看孩子對現狀又表現得無動於衷時，憂慮外還會有一股怒氣；於是早上起床準備去上學的時間、晚上該睡覺的時間，常是親子衝突最易爆發的時機。

面對孩子的拒學和學習無動力，父母著實有很深的無力感。每個孩子拒學的原因不盡相同，需要花些時間慢慢釐清，此時若有心理諮商介入是必要的。針對類似小樂拒學的原因，是對學習感到失望與疲憊，逐漸對自己感到迷惘，在迷惘中又產生了挫折、罪惡感、害怕等複雜的情緒，以致從現實生活中退場。因此，面對拒學的孩子，有些父母陪伴的要點必須要注意。

當孩子的行為產生了一些變化，先說教或過於外在歸因不僅無效，如：「你是不是交了壞朋友？」、「你是不是網路成癮了？」等等，且讓父母錯失了了解孩子內心的機會、親子關係會因而更對立，同時亦讓孩子錯失了學習和成長的機會。因此，父母可以先傾聽孩子對學習或上學的感受和想法，父母可以這樣問孩子：「你不想上學，或許你遇到了一些困難或什麼原因，你要不要和爸爸（媽媽）說，我們一起合作想辦法。」

若孩子並不想多談，父母也不要過於著急，逼迫孩子一定要說出原因，此時接納孩子需要空間及時間是必要的：「等你想說的時候，再跟爸爸（媽媽）說，我隨時都願意聽你說。」

在此同時，讓孩子感受到的不是指責，而是爸媽真誠地想了解他、關心他，並且願意和他合作。

◆◆◆◆ 關心上學以外的其他事

當孩子拒學時，父母最關心也最常問的事：「你明天要不要去上學？」、「你不上學怎麼辦？」父母想聽到的是孩子願意走上學或承諾去上學的回答，但情況往往不是這樣，問多了，反而防衛性的門就關起來了。

因此，父母要有一個觀點是：「生活」和「學習」都是同等重要的。當孩子失去學習的動能時，可以留意孩子想要做的事是什麼。在平日交談的話題中，可以輕鬆的談談其有興趣的事，例如：「你在玩的手機遊戲是什麼？」、「有哪些漫畫你想推薦給爸爸（媽媽）看的？」把焦點同步放在孩子所感興趣的事上，不僅是讓孩子感受到你的關心和接納，同時也是建立了一可信任的關係。

此外，當孩子陷入低落的心情時，會藉由某些事物來填補內心的空洞。因此，父母若過於反對、嘮叨，不僅讓親子關係惡化，也會把孩子推向離面對問題更遠的距離。然而，當父母能接納孩子補償性的行為，孩子的防衛會漸漸融化，也才有空間來談論更多生活中可以做的事。

在這一段或許是短期，也或許是長期的抗戰過程中，父母與學校保持著密切的聯繫是必要的。讓家庭、學校及專業形成一團隊，經由溝通、彼此理解，能就孩子的狀況給予最適切的幫助，例如：學校請假的手續、調整成績作業的標準、學校師長的家訪等等。學校系統的支持是父母陪伴拒學孩子過程中重要的補給。

有一句話說；「生命會自己找到出路」，陪伴拒學孩子的家庭就在生命找出路時，從混沌不明到看見光與方向，這一路上，給予孩子的是愛與信心的滋養。

【親子的暖心練習】

◎ 了解孩子內在需求

先傾聽孩子對學習或上學的感受和想法，接納孩子需要空間及時間是必要的，讓孩子知道你隨時都願意聽他說，並感受爸媽真誠地想了解他、關心他，並且願意和他合作。

◎ 焦點放在孩子感興趣的事

讓孩子感受到你的關心和接納，同時也是建立了一可信任的關係

◎ 接納孩子補償性的行為

孩子陷入低落的心情時，會藉由某些事物來填補內心的空洞，此時切勿用嘮叨反對當作關心，容易把孩子推得更遠。

◎ **與學校保持密切聯繫**

讓家庭、學校及專業形成一團隊，經由溝通、彼此理解，能就孩子的狀況給予最適切的幫助。

是「比較」？還是「管教」？

用同理心化解孩子覺得「不公平」的比較心態

家裡若有兄弟姐妹，都會遇到孩子抱怨父母不公平的對待，但事實上，手心手背都是肉的情況下，再怎麼解釋給孩子聽，他們都難以理解，還不如先用同理心化解彼此對立情緒，再來慢慢開導孩子的心結。

小學五年級的小森常抱怨父母不公平，對於手機及電腦使用這件事，他認為父母限制他比哥哥多。

這天，他氣嘟嘟的去找媽媽：「哥哥一直在滑手機，你們都不管他！」媽媽放下手邊的事，認真的回答小森的抱怨：「哥哥在學校上了一整天的課，也把事情做完了，這是他的休息時間。」

「哼！你們每次都這樣，只稱讚哥哥，哥哥的東西通通比我好！」含著眼淚，小森用力的大步離開媽媽的房間。

顯然的，媽媽的回答傳遞不進小森的心中，而小森不只一次，且是經常透露這樣「比較」的訊息，言下之意他似乎覺得被不公平的對待。

每當小森發出這種「不公平」、「比較」的訊息時，爸媽會盡全力解釋說：「同樣的，你把你的事情完成了，一樣也有你的休息時間啊！」或者是：「我們都有看到你的好，也會誇獎你——像是當你向我們提出想買什麼，只要是對你有幫助的、合理的，我們都會答應。」

爸媽要告訴小森的是：爸媽也看重公平！但不是「齊頭式的公平」，而是「立足點的公平」，是根據兄弟倆人不同的能力給予要求，同時也是根據不同的需求給予回應。

◆◆◆化解孩子心中對「不公平」的歧見

然而，再過不多時，小森仍然會表達出類似的想法。爸媽想要了解小森心中想要的「公平」到底是什麼？又為何他一直解不開心中的「不公平」？

於是，爸媽、小森便一同出現在諮商室內。我看著小森問：「小森，你認為爸媽不公平的時候，是什麼時候？

小森如數家珍說：「很多啊，我聽到他們說哥哥又這樣了又這樣了，常說哥哥的好，哥哥玩電腦、滑手機時，他們都不會監控他，讓他愛玩到什麼時候都可以！」

「嗯，這聽起來真的好像不公平耶！我們讓爸爸媽媽來說明一下，好不好？」我先徵求小森同意，再轉向爸媽。

爸爸點點頭，率先說了：「小森現在五年級，哥哥現在是高一。他們年齡不同，個性也不同，但同樣我們都希望培養他們自律。哥哥像小森這個年紀的時候，自律也沒有現在好，也需要父母的提醒、監督，更不用說給他一台手機，任由他玩了。」

媽媽也在旁補充說：「哥哥像小森這個年紀時，也有設定玩電腦的時間，他超過時間，我們一樣會提醒他；他若無法控制，我們口氣會變得更嚴厲，甚至超過時間太多，下一次就被禁玩一次，這都是我們討論及約定好的。」

「小森，爸媽的說明夠詳細嗎？意思是哥哥像你這個年紀時，他也是會被管，目的是要培養出他的自律。」我向小森再確認他的理解。

「我——知道！」小森雖明白，但似乎仍有一種令他無法暢快及滿足的狀態，且阻塞在他和爸爸媽媽關係之間。

我來打通這堵塞的關係：「小森絕對是聰明的，也了解爸媽管教的用意。但是——雖然了解歸了解，總是有一種玩起來會被限制的不暢快感，還有就是被限制時有種不悅的感覺，對不對？」

小森的這種不悅感，是在大人合理管教原則中被排擠在外的一種心情，是一種落寞的不滿足感。這份感受沒有被理解接納下，則轉而成為比較、不公平的遷怒。

小森笑咪咪的對著我點頭，似乎點中他穴道的第一步，爸爸也附和說：「這種被限制的感覺可以理解啊！」

◆◆◆◆

運用樹與園丁的比喻，讓孩子了解父母管教用心

我誇大式口氣加上將兩手一拍，拍在大腿上：「唉！成功者似乎必定要經歷這種不怎麼令人感到愉悅的感覺啊！我說個譬喻給你們聽，好嗎？」

小森很好奇想聽，爸媽也興致勃勃。

「你和哥哥是兩棵樹，爸媽是園丁，哥哥比你早種在土地裡。過了幾年，當你還是幼苗的時候，哥哥就一直長一直長，終於他長高了，也長出很多樹枝和樹葉。但這棵樹長得很凌亂，為了讓它後續長得更好，園丁就拿起了專業級的剪刀，一刀一刀將它修剪，樹很不悅、很掙扎。終於剪完了，樹就繼續長，最後這棵樹不只長得挺直，而且還結了果子！接著，另一棵小樹也漸漸長大了，終於也到了這一天，要被修剪的時候……。」除了語言，還有肢體動作，小森聽得津津有味。

「你的意思是說，我就是現在這棵小樹囉？」小森笑笑的問。

我大力的點頭：「是啊，是啊！總有一天，你也會開花結果呀。凡被管教時，當時都不覺得快樂，反覺得愁苦，但經歷過了，就變成會開花結果的大樹了！爸爸媽媽，你們對小森有沒有信心呢？」

「有啊，有啊！他有許多的優點，其中之一就是，他很有耐心，他不只做自己想做的事時，很有耐心，他在做困難、有挑戰、不熟悉的事時，也超有耐心的。」媽媽用欣賞的眼光看著小森說。

「小森，爸爸不會隨便亂剪你的樹枝或葉子，剪得差不多了，就會把它收起來。」爸爸也引用了我說的譬喻。

「我知道，你要是亂剪，或剪過頭，你就虧大了，白白損失了一棵樹。」小森很得意自己的幽默，也顯然接受了修剪樹的譬喻。

在公平與不公平的聲音之外，有另一種聲音，就是在成長改變的過程中，痛苦吶喊的是違反人性享樂本我的聲音。然而，愛、接納與信心，始終是培養挫折忍受力增加的基石，而非「挫折」本身。

之後小森要求更多玩電腦的時間而被拒絕時，自己還摸摸鼻子，自言自語的說：「又被修剪了！」

心理師的暖心話

◆◆◆ 用「穿透」視野看待孩子的不成熟

人們要如何超越對舒適圈的眷戀呢？以我騎單車的經驗來說，當看到前方有坡度的路時，心情是很複雜的，一方面想要挑戰自己，用力的騎過去，一方面又覺得好累，內心想著放棄好了，下車用牽的就好？其實想留在舒適圈，拒絕會吃苦的事，全人類都傾向如此。然而是什麼因素促使人仍願意做吃苦的事呢？

故事中的小森雖然在理智上理解父母的限制為何，但內心另有一個享樂的本我想要拒絕它。為了對抗它，只好來個聲東擊西，看是否能找到縫隙，趁機鬆綁所感受到的苦。父母除了夾在堅持與撤退的兩難之中，到底還有何選擇呢？

其實，孩子內心總會有個向上的渴望，但同時卻被另一股力量攪擾著。此時若父母看待孩子的眼光過於著重表象行為，結論可能會認為孩子懶惰、不求上進、不體貼別人……等等負面的標籤，這樣一來，會使孩子更導向及陷入無動力狀態。反之，父母本身先放下自己的成見，以正向且有能量的狀態迎向孩子，並運用「穿透」的眼光，看見孩子不是不想，只是他感到不能，然後慢慢引導，假於時日，孩子內心微弱的火光將會逐漸被父母搧動起來的！

【親子的暖心練習】

面對這種老是愛比較的孩子，下列提供想法與作法讓父母參考：

◎ 同理孩子的兩難

其實在面對一些合理限制或要求時，如：要早睡、要練琴、玩樂的時間要有所節制等等，孩子也有願意的心想要做到，只是力不從心，跟自己內在享樂的本我不斷拉扯。所以同理孩子的兩難是第一步，父母可以這麼說：「我知道其實你也想要這麼做，但內心又覺得好難（或內心想說就此算了）！你心裡很衝突，很不好受……。」同理即是接納孩子的真實面，也同時讓內在累積的衝突有了出口。

◎ 附和孩子的想法，因為想法帶來渴望

人會傾向去做吃若的事，常常是因為內在有驅動的能量，從最基本的生存本能，到能促進個人成長的需求，再由需求轉為想法，如：「我想要騎車上台灣的武嶺，是因為要超越自己的騎車經驗。」想法因此是帶有能量的，會激發人的渴望和行動力。再舉例前面所提騎單車上武嶺，體能上雖要吃苦、同時要克服看到斜坡的心理障礙，但苦盡甘來，會嚐到許多好處。

因此，針對對孩子而言會「吃苦」的事，可和孩子討論他對此事的想法，這麼做的用意或好處是什麼，愈被自己認同的想法就愈容易給予承諾；反過來說，僅用命令、指示是無法產生認同效果的。討論的方式也可以擅用比喻，如故事中利用修剪樹的比喻使小森能有所認同；適切及生動的比喻，把一些深奧的道理，藉由平日生活的經驗表達得淋漓盡致，淺顯易懂，是非常好的作法。

◎ 表達對孩子的信心

一樣以騎單車為例，當我看到有斜度的坡度時，會冒出打退堂鼓的想法，除

了用渴望來激勵自己外，想想自己所擁有的能力也是可以激勵自己不放棄往前行，例如：我會調整呼吸可以幫助到上坡等。此時需要喚起當事人所擁有的能力，使增加面對挑戰時的自信心。就像前面故事中，我邀請爸媽回饋對小森的信心，道理就在此。

◎ 引薦典範現身說法

「從前我遇到什麼樣的困難，當時是如何……，後來是如何……。」凡人在獲得成就以前都會經過困難，若有人現身說法，述說他的成功辛酸流淚史，當經驗的分享令人產生共鳴後，可作為孩子的典範，強化孩子繼續往前走的信心。

◎ 成為教練陪伴他學習

根據發展心理學家維高斯基所提出的學說：當師長或有能力的人在孩子的潛在發展區（註）中提供有效的協助，可幫助其獲得認知技能的發展，這稱為「鷹架作用」。而良好的鷹架是適時、適量的，在需要時給予指點並且在孩子的進步中逐漸撤離鷹架，此外，鷹架是經由言說互動而形成的。

例如：當孩子在練習早睡早起時，父母可以陪伴孩子一起早睡早起；孩子在練習某個技能時，由父母或適當人選來當他的學習教練。被陪伴的經驗著實能強化學習的效果。

※註：潛在發展區指的是，一個還沒有成熟但是正在發展過程中的某個功能。這個功能將來會成熟，不過現在還是在萌芽的狀態。

CHAPTER 04

朋友對孩子來說很重要

進入青少年時期的孩子，很重視同儕的認同，
更是跨入社會群體社交很重要的一個步驟。
但少子化的關係，使得孩子的交友方式及管道變得複雜，
身為父母的你知道該怎麼幫助他嗎？

玩、練、生代替了「但是……」說法

透過陪伴學習幫助孩子克服過去學習的負向經驗

當孩子用「但是……」綁架親子關係時，父母該怎麼處理呢？其實，「但是……」的背後很可能是孩子為了隱藏高期望的自我，這時不妨從「玩」開始，逐漸引導孩子克服過去學習的負向經驗，體驗人生的美好。

阿真，剛從國中升到高一的女孩，鍥而不捨地要求父母替她轉學，理由是她不喜歡現在的學校：同學素質不好、老師對學生採放牛吃草、沒有她喜歡的社團。父母很遲疑到底要不要聽從阿真的要求，父母顧慮的原因是阿真經常提出類似的請求：國中轉學過兩次、從小學習才藝幾乎都半途放棄，並且常聽到她對環境、對外在人事物有諸多抱怨；最困擾父母的是，當她起了這樣的念頭後，就會停止所有的努力，變得消極、逃避。

父母認真的想過許多導致阿真容易抱怨和放棄的原因，其中一個是阿真對自己缺乏自信，但無論怎麼勸，仍然轉變不了阿真的想法。於是，阿真父母邀請她來諮商，想讓阿真好好想想她真正想要的是什麼。

◆◆◆探討隱藏在「但是……」背後的原因

我請阿真說說目前最困擾她的事情是什麼時，她低頭看了地板一會，說：「我想要轉學，在我進入這學校之後，才發現跟我想的差很多。早知道是這樣，我一定不會選擇這學校的……。」接著阿真細數了她對這學校的不滿。

阿真說了很多，我再細聽之後，一一跟她釐清她的想法。首先針對她提到的人際關係，我說：「你說剛進入這學校時，跟同學可以打成一片。幾星期過後，他們就有小團體了，你覺得漸漸被排擠在外？是這樣嗎？」阿真點頭說：「是啊～～本來很熱絡的，後來就沒有那麼熱絡。」

「所以，對於交朋友，你的期待是由同學主動多一點，是這樣嗎？」

「嗯～～我希望有一群興趣相投的同學，如果是這樣，我就會主動。但我們班就不是啊，他們的興趣都跟我不一樣，而且我覺得他們都蠻幼稚的，還像是國中生。」阿真語調有些激動地表達著。

我嘗試著針對阿真的現有框架給予挑戰：「能很快交到興趣相投的同學固然很好，也許可以再多花時間主動去認識以及了解他們，當深入時，往往就會有新的發現，你覺得呢？」

阿真停頓了一下說：「能交到不一樣的朋友是很好的，但是……對我來說就無法，我不知道要跟他們說什麼？」

阿真要接受新挑戰或新嘗試是不容易的，不只人際關係，再後來跟阿真談論到的社團選擇、對老師的要求等，阿真會以「但是……」來拒絕跟以往不一樣的想法和作法：「但是……都沒有我要的社團，去了是在浪費時間。」、「但是……這學校的升學率就很差啊，再讀下去恐怕就是去混吃等死的大學了！」

◆◆◆◆ 別讓「但是……」限制很多美好的事

在一來一往的對話中，我發現阿真借用了許多外在環境作藉口來拒絕「一場場的人生冒險」。她對自己有高期望，也有高目標，皆非一蹴可幾，然而她懷疑自己的能力，於是就出現各樣的外在障礙因素，以便守住吹彈可破的自我；同時也想尋找捷徑來達到目標，例如：轉學。然而這樣一來，阿真就一直錯過生命要給她的禮物，包括她原來所設定的期望和目標。

用談話去反駁阿真的「但是……」是沒有用的，這樣一來，阿真會出現更多個「但是……」。於是，諮商的目標是要陪伴著阿真走入願意付代價、吃苦的路。在某一次的諮商中，我這樣對阿真說：「阿真，你的『但是……』對你而言是真實的，但同時你也被它限制住了，你知道它如何限制你嗎？」她聳聳肩表示不知道。

「它限制很多美好的事在你身上實現！」我語氣特別強調了「美好的事」，再繼續說：「你是有理想、有目標的人，若能脫離『但是……』的說法，你會離你的目標愈近。我這裡有一個──計畫，你要──不──要聽聽看呢？」說到後面，我故作神祕想引起阿真的好奇。

果不其然阿真散發出「我想知道」的眼神：「那是什麼？」

「這是一個叫『玩、練、生』的計畫！」

阿真瞪大眼注視我：「玩、練、生？這是什麼，沒聽過？」

◆◆◆◆運用遊戲讓孩子克服學習的負向經驗

我大略描述了「玩、練、生」：對於我們想追求的事，要從玩遊戲的心態開始，感到好好玩，接著因為嘗到好玩的滋味，就會想要鍛鍊；經過鍛鍊能獲得更多訣竅，就會愈好玩；不僅好玩，而且還不知不覺地朝向專精的路走，路就活起來了，還會生生不息呢。從好玩過渡到鍛鍊是一門檻，若有人陪伴、或有教練指導，就容易跨過這個門檻了！

我舉了自己的例子給她聽：我原來有一台腳踏車，常騎著它乘著涼風，優閒踩踏，欣賞兩旁的景物；後來認識了一群愛好騎車的朋友，在他們的鼓舞下，我換了一部性能很不錯的車子，也在他們的指導下，挑戰有坡度的道路。起初是喘不過氣下來牽車，後來知道如何調整呼吸等技術，最後還騎上台北的陽明山呢！我迫不及待的把手機裡的相片拿出來給阿真看。

阿真聽了我的分享，有一種想要的表情寫在臉上：「我倒想要玩吉他看看，我以前有學過一陣子，後來停了。」我聽見她用「玩」來形容她的目標了。

帶著興奮的語調回應阿真：「你回去把吉他拿出來玩玩，一手按弦，一手撥弦，彈出和弦，一段時間後你覺得好好玩，也許可以請我們的老師來指導你喔！」我們的老師是指一群經過心理師培訓的學習輔導老師，目標在於陪伴學習，克服過去學習的負向經驗，如：缺乏自信、動機或增強學習方法。

阿真接受了這個計畫，經過一段時間後，「但是……」的說法藉由「玩、練、生」計畫慢慢被取代了。她從玩吉他中嘗到了好玩，也逐漸獲得了成就，並交到了一些玩吉他的朋友。

我對阿真說：「恭喜你啊～～你找到了這把鑰匙！它可以用在你的生活、生涯以及生存的各種技能上，建立起一個非常有動能又精彩、生生不息的人生！」

對於轉學的事，阿真也不執著了！

心理師的暖心話

◆◆◆◆親子互動多說「YES」取代「NO」

「玩、練、生」事實上是一把透過體驗去展開人生的一把鑰匙，它帶來的是生命力。

花幾分鐘想一想：距離上一次對一件人、事、物，眼光放閃內心激昂地說：「YES！」是多久以前的事了？再想想，家庭及個人生活總是過著日復一日乏味的生活嗎？是否也常從孩子的口中聽到：「好無聊喔！」這些若是現在的寫照，這正象徵著在不知不覺中，我們已被禁錮於停滯的生活裡，無感的態度亦正侵蝕著失去動能的我們，包括我們的孩子。

對於心中已失去動能的孩子來說，不只是「好無聊！」而已，問他：「你想要什麼呢？」最可能的回答是：「不知道！」若提供選項：「你想要——嗎？」通常聽到的回答就是：「好無聊～～不知道～～我不要～～」或抱怨的話，循環式反應的結果彷彿成了死寂一片的廢墟，沒有生產力，更不要說創造性了。「耍廢！」似乎也成了世代的潮流。活動力明顯愈來愈少，一切就好像是等到結束為止。

換個角度想，在我們的孩子還沒開始耍廢人生之前，是否曾經對他所提出的問題或需要，多半給予「NO」的反應呢：「這個不行、那個不行啊！」又或是對他提出質疑：「你要好好學，父母可是花了很多錢在你身上的。」或要他拿出學習的成果，補習或才藝課一結束，問他：「今天你有沒有有認真上課？你考試成績如何？」或者對他所參與的任何事，不聞不問，也沒給予孩子分享參與過程中的各樣經驗，去細心聆聽呢？

如果父母這麼做：對孩子的分享充滿著好奇與活力，彷彿參與在其中，如此一來，肯定是會讓孩子感到心花怒放，信心與鬥志都會加倍提升。

因此，孩子口中的耍廢或諸多抱怨，或許是由於以上所述，大人曾經對他說「NO」多於「YES」好多好多，導致他容易感到沮喪，並對會吃苦的事乾脆也說「NO」的態度。

想當然耳，也有無法對孩子說「YES」的特殊情況，就是當對孩子本身或他人有所傷害時，就必須說「NO」了。除此之外，說「YES」除了是以上所提可以帶給孩子及周邊的人活力外，透過去體驗人生各樣的事，對自己人生是一種擴張，並更有創造性，會帶自己及孩子遠離無聊喔。

【親子的暖心練習】

父母了解以上所提「YES」的好處後，心中是否仍存著許多的疑惑及擔憂呢？除了傷害的事以外，難道對任何事都要說YES嗎？假若我對孩子說了YES，他也去做了，到頭來摔個滿頭包怎麼辦是好？說YES是要一味地附和孩子，迎合他嗎？

說YES可說是一門藝術，沒有全對與全錯的答案，重要的它帶領你和孩子一起去學習、體驗這趟旅程，是從腦降到心的歷程，再從心回饋到腦的學習保存。說YES有幾件事是我們必須知道的：

◎ 與他人共同創造的說「YES」

當有人提供你建議或機會時，這時候說YES就是接受它，並且加上正面的建設意義，這不僅是和對方一起創造出更好的、更有創造性的事，也維繫了和他人間良好的關係。舉個例子，假如孩子對你提出說他要跟同學去聽偶像的演唱會，你說YES是因為你同意跟同學從事正當的活動是件開心又可以增廣見聞的事，同時間你可以提出你的顧慮及可以解決的方法，例如：演唱會的票不便宜，父母可以贊助一半，另一半由孩子的零用錢或壓歲錢來支出，或分期付款等等。就這樣不但接受了孩子的請求，並加上了父母的想法意見，最後創造出來的結果是整合超越單單一個人的想法。

◎ 視任何發生都有其意義的態度說「YES」

我們常被成功、競爭、追求快樂的定義限制了許多的體驗，因為我們擔心會不會失敗、會不會被拒絕、會不會很麻煩、很累，因此我們卻步。殊不知失敗、挫折、沮喪、拒絕和成功、快樂都有著相同的意義，例如這句「失敗乃成功之母」是小學生就耳熟能詳的諺語，不就是這個意思嗎？危機就是轉機、柳暗花明又一村、塞翁失馬焉知非福……還有許許多多哲理名言皆要道出同樣的意思。然而人不喜歡受苦是天性，但苦的轉化可以成為能力及能量的獲得，例如：運動就是接受一連串的動作程序及技巧的訓練，持之以恆，最終獲得健康、健美，還有某項運動的技能。所以，讓我們面對任何甜酸苦辣的事時，帶著冒險心和幽默的態度來說「YES」吧，這將使我們的人生更豐富也更有包容力。

◎ **投入並用心的說「YES」**

說YES很容易，但我們的心和行動必須跟上節拍。也就是當我們說YES時，心裡但對此事下了承諾，而承諾並不是放置於最終的結果如何，而是融入於過程中。舉凡幫助別人、挑戰自己去做未曾做過的事，等等任何各樣的小事，皆一點一滴的情感都投入於中，且完全專注於此時此刻；例如：在跑步運動時，去感受自己的呼吸心跳、感受自己大小腿的邁步、身體的溫度，然後風吹過身邊的當下感受等等。如此一來，我們才會發覺現在的瞬間，如同魚兒優游大海一般的快樂，並非度日如年。因此，用心去體會當下所發生的一點一滴，生命漸漸就有了溫度，而且會感染身旁的人，包括你的孩子。

兒子談戀愛，媽媽好緊張

與其阻擋不如化身愛情教練導正孩子愛情觀

孩子談戀愛，往往辛苦的是父母。原因是兩者看法及心境不同，導致意見分歧，加上男女朋友的感情認知攪和，使溝通失去焦點而大大破壞了親子之間的感情。到底父母該怎麼做呢？

今天來見我的是一位中年媽媽，多年前我曾經陪伴她的兒子皓皓；當時他是小學生，處理的是他在學校適應的問題，爾後他也安穩的度過了小學升上國中。如今皓皓是國三生，媽媽因孩子交了女朋友而擔心不已，所以來見我，希望能給她如何面對及處理孩子交女朋友的事。

「好久不見皓皓，他現在在學校過得如何？」問候了媽媽，也順道問候皓皓。

「現在他可是學校的風雲人物了，除了是籃球校隊代表外，參加演講又得名。」

媽媽在道出皓皓的風光事時，臉上仍帶著愁容，沒有與內容同步的喜悅表情，

「好厲害啊！這樣傑出表現，一定也很受同學歡迎吧？」

「沒錯！外務多得很。我叫他不要接這麼多外務，但他總是不會拒絕別人，也總覺得每件事都很重要。」媽媽看似準備好要切入今天來找我的主題了。

「我今天來找你，是想問你：我現在該怎麼幫他這件事，我已經說破嘴了，可是我感覺已經有些『失控』了。」媽媽欲言又止，好像很難啟口。

「皓皓媽媽，你要不要多告訴我一些有關你說的『失控』，指的是什麼事啊？」看起來媽媽被焦慮不安的心情給淹沒了，需要堅定的態度引導她。

媽媽終於吐露了令她不安的事：「皓皓在國二下學期開始交了一個女朋友，我是從他們電話來往密切而得知的。當時他答應我，他不會因為交女朋友而荒廢學業。我兒子成績比對方好，他說他會負責教她功課，兩個人會一起約讀書之類的。」

媽媽停頓了一會，我接話說：「這聽起來很棒啊！兩個人一起結伴讀書，是什麼情況讓媽媽陷入擔心呢？」

◆◆◆◆耳提面命抵不過親密關係誘惑

「這只是理想而已啊！讀書的事是不是真的有在進行我不知道，但是他們的行為就讓我很擔心了，我說的『失控』就是指這個。」媽媽大嘆了一口氣，接下去說：「皓皓以前下午六點到家，現在是晚上七點多，這段時間打電話給他，不是關機、就是一堆聽起來很不合理的理由，前幾天有鄰居問我知不知道皓皓交女朋友了，因為他們兩個在公園約會，被鄰居看見有親密的行為……這就是『失控』了啊！」

「媽媽，你有把你的擔心跟孩子討論嗎？」我想引導媽媽從關注孩子的行為，轉向為親子間的互動溝通。

「我說破嘴，原因就是從一開始我知道他們在交往，就一直耳提面命，叫他要注意不要有越矩的行為發生，也跟他說對方是女生，要好好保護她之類的。可是，令我沮喪的是：到頭來我說的每一句，他都沒聽進去！」媽媽的口氣有些激動。

「有一天我忍不住打電話給他的導師，在我跟她說明這一切之前，導師其實並沒有發現他們有什麼異樣。後來老師告訴我，皓皓交往的這位女生，很活潑、好玩，曾經和別的男生交往過，比起皓皓，她已經是情場老手了。難怪我說什麼，都抵不過這女生的誘惑！」

媽媽的口氣比先前更激動了，接著說：「我幾次想拿起電話打給那位女生，但想到不知後果會怎麼樣？會不會更無法收拾？所以就暫時打消這念頭！可是，接下來我就不知道該怎麼辦了？」

「媽媽我可以了解你的心情，每每想到他們的交往，就會讓你忐忑不安，但是幸好你的理性把你hold住了。因為你明白：若用絕對的『控制法』可能會帶來破壞，而不是帶來好的建設！」正在經歷非常沮喪和無力的媽媽，需要這樣的肯定和鼓勵。

「我知道要是打了這通電話，不管我說了什麼話，皓皓從此對我更加防備。」

◆◆◆◆協助媽媽重獲與孩子的信任關係

然而，放棄了控制法，其他方式又顯得毫無影響力時，身為要保護孩子的媽媽就顯得非常沮喪了。因此，要協助媽媽重獲與孩子之間的信任關係，才是唯一能做的事。

「媽媽，我必須再次肯定你，因為你把跟孩子的關係看為首要，你並不希望孩子對你是防備的，對嗎？」

媽媽點點頭：「是啊！我希望孩子能跟我無說不談。」

「兒子交往這事，你多半是替孩子踩煞車，但他因此更用力的加油門。身為一個駕駛教練，你就不能做這樣的事，否則車子會一直空轉。」媽媽專注的聽，也不時點頭。

「他是新手駕駛，需要你多鼓勵他，肯定他來學開車的動機，也逐漸接受你是他的駕駛教練，接著才會把他的疑惑、問題，提出來和你分享討論。」

「具體來說，我現在該怎麼做呢？他晚歸時，我要怎麼辦？他和女生的交往有過度親密的行為，我可以管嗎？」媽媽迫不急待的拋出眼前的問題。

「媽媽，你曾經告訴他，你支持他交女朋友嗎？」

「沒有！當初是他告訴我，他不會影響課業，我才答應讓他交往的。這樣算嗎？」

「這樣聽起來並沒有由衷的肯定和支持他這事，而是有條件的交換。如今，我請媽媽再想想：這個年齡的孩子，開始對異性好奇，甚至想要交男女朋友，是再正常不過的發展？」

「但是要單純的交往，不要搞到最後要大人出來收拾殘局，或者自己身心受創。」媽媽心思依然放在「問題」上。

◆◆◆◆發自內心支持孩子修愛情學分

所以，我再引導她轉向「方法」上：「沒錯，他們有認識異性的動機，不代表他們知道該怎麼互動、怎麼交往，他們也需要大人給予適切指導，充當他們的感情顧問。」

媽媽沒有插話，我繼續說：「前面的戲ＮＧ了，需要再重來。不過新的戲是要講求內心戲的：媽媽要發自內心的真誠，希望他們好好學習交往的功課，這樣才能對他們受惠無窮。」

「我要告訴他們，我支持他們，我可以當他們的感情顧問，這樣嗎？至於那些我說到嘴巴破的事，就不要再說了。」媽媽似乎接近抓到了核心想法。

「是的，『交男女朋友是正常事，但要好好學習交往的功課』是核心價值，你繼續堅守著。例如：孩子因約會晚歸了，你可以表達這是他約會的時間，你是很祝福的，但同時重申遵守約定好的回家時間對你很重要。再來，你也可以關心他在與女朋友的交往相處上，有沒有遇到什麼問題？」

「我明白你的意思，這樣做是讓他感到實際的行動支持，對吧？」

「嗯～～無條件的支持可以獲得更大的溝通空間，這不也是你期待的嗎？」

「但——會不會因為空間大，他會提出令我招架不住的要求？到時我該怎麼辦？」媽媽想到這樣的可能性趕緊提出來。

「一定會，因為他是新手駕駛啊。第一仍然要肯定他對你的信任所以才會向你提出，第二中肯的提出你的想法，第三如果他不太認同你所說的，就陪伴他一起來探索這答案吧！」

「新手駕駛，要多多包涵！」皓皓媽媽的領悟又更深了！

心理師的暖心話

◆◆◆關於戀愛，孩子過程論≠父母結果論

「國高中生可以談戀愛嗎？」這話題很新鮮嗎？答案是：並沒有！起碼在三十年或更早之前就有人在討論它；然而到了這世代，它仍然具有話題性。在父母、青少年心中引發不少的激盪又常難以齒口，一旦開口卻又容易形成對立的話題。

「除了考量學業無法兼顧，我希望孩子能比較成熟穩定後再談戀愛，減少不必要的摸索與衝擊。」這顯然是許多父母常抱持的想法。

「又不會怎麼樣！」這就是青少年的反應了；大部分的青少年果真沒想這麼多：多半視談戀愛為人際關係的延伸：能獨享、更親密，抑或是對自我認同需求的滿足：證明自己有魅力。

以上雙方對立的狀態，豈不是像足了一部車子同時啟動煞車和加油門，難免發生甩尾，在高速下還會失去動態平衡而失控呢！皓皓媽媽就在瀕臨這快要失控的情況時，趕緊來求助，避免自己走上失控一途。

為何「談感情」卻傷感情！最重要的原因是在於雙方的焦點各以「結果」為重，而忽略了「過程」；父母的著眼點在於「無法挽救的結果」，青少年的著眼點在於「談戀愛很正常，別管我，句號。」

什麼是「過程」呢？就是從執著於可以或不可以的思考，轉為「好好的談一場戀愛，需要學習或作何準備？」大人不會阻止孩子學走路，卻會擔心孩子談戀愛。但這兩件事都是孩子的自然發展，不同處在於學走路不需要特別教，時間到就會了，但談戀愛需要學習的事情可多的很啊！

在諮商中遇見的青少年案例中，可以更為確定談戀愛這黨事是需要學習的，且每一項其實都是一門大哉問啊！因此倘若全然禁止或無人聞問，都是迫使孩子獨自面對和摸索，加上現在網路資訊刺激氾濫，很容易扭曲年輕孩子的價值觀，使他們處於更險之地。

因此，我把以下在孩子要進入或已進入談戀愛階段時，父母可以引導及陪伴孩子一起來思考的幾個問題，能提供孩子理解——好好的談一場戀愛需要具備什麼樣的能力呢？

◆◆◆ 是愛？或是迷戀？

許多人都嚮往愛情所帶來的甜蜜，然而，能分辨得出是真愛，或是迷戀嗎？曾經聽過這樣的說法：「我跟他在一起一個月，現在已經對他沒有感覺了！」又或是在網路上結交的網友沒多久——一天或更短，則快速的宣稱已是正在交往中的男女朋友。這樣的關係狀態把它與愛劃上等號，是否太輕率了些呢？

這情況的發生乃是基於個人心理上的投射，在認識有限並也不清楚那個人是誰的情況下，已經先認定他是心中理想的對象了！而且瘋狂地愛上這個形象；大家所唯恐不及的狼師戀，可能就是基於這樣的心理狀態而掉入陷阱中。

迷戀除了短暫，也是帶著「自我中心」的心態與對方交往；如：「我喜歡你是因為你長得不錯，帶在身邊感覺良好。」

當要進入愛情的大門時，傻傻分不清是愛或是迷戀，這也是正常之事，因此，在預備進入談戀愛前，先好好學習「愛」這小而大的功課是不容缺少的！

◆◆◆◆ 如何經營彼此的關係，好好在一起呢？

「他跟我告白，我答應了，但是我不知道接下來是要怎樣？」

當愛神邱比特完成他階段性的任務，讓兩人一瞥其中的美景之後，他並沒有負責售後服務，而接下來就是雙方的事了。雙方必須承擔起愛情的工作；倘若沒有得到持續經營與滋養，愛情自然就容易枯萎。

關係的經營最重要是兩人願意共同為關係而努力，包括學習更多了解對方、經常溝通對話、學習如何協調彼此不一致的意見，在日積月累下所形成的。這是一門關係課，因每個人的成長經驗不同，自然看待關係、想法價值觀、溝通的方式都盡不相同。正在經歷這階段的青少年，他們最常問的問題是：「他（她）到底在想什麼？」發現彼此不同也是一個互動開始，接著會問：「我要怎麼跟他（她）溝通或相處呢？」

著重於兩人之間的關係外，同時培養自己的獨立人格也是不能忽視的。倘若你一味依附在對方身上，或是對方一味地依附在你身上，無論關係或個人其實都是仍舊停留在原點而沒有變成長及成熟。

◆◆◆吵架、分手，該怎麼面對？

「我跟他分手不久，他就跟其他人交往，每當下課在走廊上看見他們倆，打得十分火熱，我——很——不——能——接受。」此事一直在心中盤旋無法釋懷，心如刀割。

戀愛這門課不能只學一半，卻把另一半令人難受的課題給放一邊。畢竟每分關係都一定有高低起伏，或是關係有終止的時候。在這範圍內，包含：關係是不是走到了盡頭，該不該分手？提出分手而傷害到對方怎麼辦？該怎麼提分手呢？分手了該怎麼走過情傷期呢？

嘩！這是不是每個問題都不容易解答及解決的事呢？是的，這雖不容易，卻也是再一次對「愛」深刻的學習！尤其當孩子已經進入對談戀愛嚮往的階段時，父母不妨將莫名的焦慮轉而積極的思考：「要祝福孩子談戀愛成功，我該怎麼做呢？」的想法，並保持跟孩子開放的對話，才能讓親子關係不會因為「第三者」而破壞。記得！孩子談戀愛時，父母是盟友，不是敵人。

【親子的暖心練習】

在引導孩子關於「談戀愛」這件事時所必須思考及裝備自己能力的方向外，若想要再進一步想跟孩子談論這些話題時，可掌握以下四個要點：

◎ 先做好心理準備，保持開放的態度

跟孩子談論戀愛交往的話題時，抱持開放態度是首要。當孩子覺得可以無話不說時，或許會說出讓大人意想不到的事。例如：告訴父母同學中有些人早有性關係等等，相信這會讓許多父母驚嚇不已，因為這原本就是他們最擔心的。

因此跟孩子對話前，要先做好心理準備，例如：當父母聽到尺度大開的事，提醒自己深呼吸，保持鎮靜，允許孩子說出內心真正的話，或對事情的想法

及立場：「對於同學所做的這些，你的想法呢？」常常父母在了解孩子想法後，反而能放下心來，理解了孩子不是自己想像的那般懵懂無知，他們其實知道事情的分寸或該如何保護自己等。

◎不預設立場的了解孩子對談戀愛交往的想法

父母最害怕的是孩子被愛沖昏了頭，實際上孩子的愛情觀可能跟父母想的不完全一樣；有些孩子想要的交往對象是可以作伴，追求的是細水長流型的；有些則喜歡轟轟烈烈，高調放閃，炫耀自己交往的對象。

跟孩子談談他對戀愛的期待，確實了解他的想法，一方面幫助他釐清自己的想法，另一方面也是在幫助父母本身澄清自己的預設想法。

◎要關心而不是擔心，把疑慮化成問題

當父母內心中有許多疑慮時，不妨將它們化成問句跟孩子討論。譬如問孩子：「如果現在談戀愛，你覺得會有什麼影響？」或是「因為一心很難二用，而談戀愛和課業都要投注很多時間和精力，這樣一來對課業會不會造成影響呢？」

父母也可以藉用年輕人的話來開啟對話：「媽媽聽過，男女生在一起，有所

謂的晉級跑壘：一壘是牽手，二壘是擁抱，三壘是親吻，還有最後的全壘打。如果是你，你可以接受幾壘？如果你不想要，你會怎麼處理？」孩子聽到這個比喻，多半會覺得媽媽很上道，雙方就可以在不同壘包之間討論。

除了專心聽孩子發表的想法外，父母若有實際的經驗，也可以分享自己的所知，提供孩子參考。只要記得掌握在冷靜客觀下作分享，擺脫焦慮的心情及口吻，孩子多半會好奇聆聽，覺得父母提供了另一種訊息和想法，慢慢的也會變成他們的想法和價值觀。

當積極的把疑慮化成開放式問題拋出來之後，能引領孩子反思，不斷去覺察和檢視自己的狀態，這樣就已達到激發他們思考的目的了。

◎ 當孩子的「感情顧問」，提供必要的協助

故事中提到父母其中之一的角色是「感情顧問」，就是在孩子的不足中提供必要的指導，包含有關的兩性教育。例如：孩子有心儀或交往的對象時，可以問問他們：欣賞對方的哪些優點？對方是什麼樣的個性？兩個人相處時有碰到哪些問題？從另一雙眼睛幫孩子認識對方，了解自己，如此一來，也幫助孩子能認識兩性間的差異，以及不同個性的相處。

為什麼他們都討厭我？

該如何協助孩子面對人際關係的衝突

孩子在學校與同學之間的互動，宛如一個小型社會，既然有互動，難免就有衝突產生，此時若不好好地協調處理，久而久之就成了校園霸凌。身為父母的我們，在碰到孩子人際關係不順利時，該怎麼做呢？

這是一個屬於小學高年級的諮商團體，成員有四位：小凱、小恩、阿仁、小宇。每星期固定某一天的晚上，我會和這群孩子見面。他們來到團體的目的是學習人際互動；在團體中，成員之間當下的真實互動，就是活生生的人際材料。

在一次諮商團體中，發生了人際的衝突……。

大夥正在進行活動中的題目問答時，小恩是唯一答對的一位。小恩看著小凱等人，掩嘴而笑：「哈哈，只有我答對！」

對朋友很講義氣的小凱，常為朋友打抱不平，對其認定為「不講理者」則難於容忍，常「以暴制暴」；而小恩則因著他的「衝動」情緒反應，常常踩到小凱的紅線。

小凱聽見小恩的笑聲，隨即站了起來，比出磨拳擦掌的手勢，走向小恩：「你想怎樣？耍屌啊？」

小恩也不甘示弱，瞪著小凱說：「怎樣？」

在衝突一觸即發之時，我以強烈的口氣吼了一聲：「有什麼事請用說的！」

這一吼聲頓時讓兩人身體保持住一小距離，小凱的揮拳動作，定格在半空中，小恩則是側身的站立住，兩人僵持著。

◆◆◆ 發生衝突時，先了解孩子憤怒的原因

「發生什麼事？小凱你在氣什麼？」我站立在他們中間，一來是要阻止他們可能發生的肢體衝突，二來則是協調他們的衝突。小凱先把揮在半空中的拳頭放下了，卻抿住嘴唇、斜眼注視著小恩，我問他：「你的拳頭要告訴我們什麼？」

「他……笑屁啊！自以為了不起啊，還嘲笑別人！」小凱說出部分心裡的想法。

「你很不高興他對你嘲笑。」我重複他的話，眼神轉向小恩，示意他有所回應。小恩有點結巴，但仍努力的把話說完：「剛剛……他也有笑我，他們兩個人……在……竊竊私語，看著我……不停地……笑。」小恩指了小凱和另一位成員——阿仁。

小凱開始搖擺原來僵硬的身體，然後與阿仁對視，笑了幾聲。我見小凱一百八十度轉換了原來氣憤的態度：「小凱，你說小恩嘲笑你，在此之前，包括此時此刻，你也嘲笑他，雖然我不知你到底在笑什麼，但是感受到的是一種不友善的態度。」

小凱抱住肚子笑得更大聲了，一手還指著小恩，在旁的阿仁也是如此狀。瞬間轉換成小恩漲紅了臉：「你看，他們擺明就在嘲笑我！」

「小凱，你剛剛很氣小恩，你覺得他在嘲笑你，你也同樣做了此事，這不就是……」我話還沒說完，小恩幫我接了：「雙重標準！」

◆◆◆試著解開孩子的心結，怨念就迎刃而解

我把我所觀察到的客觀現象描述了一遍，小凱收回了他的笑聲，臉色轉為嚴肅：「我看他不順眼已經很久了。」

「小凱，你的嘲笑事出必有因，對嗎？什麼事讓你不順眼？一股怨氣放在心裡面，不好好處理就變成了臭氣了！」我說。

小凱看著我，邊撥弄前額的頭髮，我也看著他，等待他的回應。結果是在旁的阿仁幫腔說：「剛剛團體開始之前，小恩和我們比手腕力，他輸了，他不服氣，對著小宇比了一個拳頭的樣式，還用腳去踢了小宇一腳。」

我轉向問平常就很安靜，此時此刻同樣在旁沉默不語的小宇，向他確認：「小宇，你剛剛有被拳頭威脅，還有被踢一腳嗎？」

小宇點點頭說：「有！只是我不想跟他計較。」

「小凱，是因為小宇是你的好麻吉，你為他打抱不平，所以想找機會來整整小恩，是這樣？」我再次向小凱確認他對小恩不友善的動機。他點點頭同意我的說法。

阿仁為這過程作了一個摘要：「小恩剛開始不服輸，用拳頭威脅小宇，還踢了小宇一腳，阿凱，嗯……還有我，不爽小恩做這樣的事，就一直針對他，找他麻煩，結果他就對我們不爽，我們答錯，他嘲笑我們。老師，這是不是叫作怨怨相『爆』？」

阿仁同時作出一個爆炸的手勢。

我看了一眼小恩，他面帶不好意思的笑容，再看了一眼小凱，他臉上露出了不帶威脅、放鬆的微笑。爆炸性的氣氛已過，換上了平靜又帶著「未竟之事」的氣氛。

「謝謝阿仁為我們作了這總結，大家要補充什麼嗎？」我問大家。

安靜的小宇說話了：「我覺得他們兩個要互相道歉。」

小凱馬上接著說：「小恩也要跟你道歉啊！」

阿仁說：「我也要跟小恩道歉，因為我在他背後說他是非，並嘲笑他。」

阿仁率先轉向小恩說了一聲：「對不起！」

接著，「對不起！」這三個字在這群人中交叉發出。

「小恩，這是你的。」最後分享點心時，小凱遞給小恩一份點心。

心有千千結，不解開，就落入了怨怨相報，他們願意解開，彼此的關係又聯繫住了！

心理師的暖心話

◆◆◆◆在團體裡就如同在小型社會

諮商團體中就像是一個社會的縮影，提供「真實」的關係脈絡。帶領團體者在當中有機會直接針對孩子個人內在的心理議題、同儕或師生間的人際互動，作實質深入的觀察、了解與介入。在團體中難免會發生成員之間的衝突，具有專業及經驗的帶領者，會視此為成員最佳的機會學習，學習去理解他人及自己。反之，同儕間的衝突若未適當的處理，也易留空間惡化為霸凌問題。

家長及教育人士都很關心校園霸凌的問題；它並非一天兩天造成的，經常是在被忽略和缺乏良好的解決策略下，問題日益加深，結果不僅是使雙方關係裂痕愈來愈大，甚至是其中一方（被霸凌者）或雙方皆產生了很大的心理創傷。

在霸凌者或某些旁觀者的眼中，被霸凌的同學是「罪不可赦」，例如他們認為：他有夠白目，難以忍受他的行徑；他不合作、愛搞破壞、表現出低度的利他行為、很自我。當強烈的不滿情緒加深時，則可能會作出暗中或直接的霸凌行為。

其他中間份子，雖然比較起來，並沒有極大的憤怒情緒，但基於對勢力較大團體的認同，避免被歸為「特殊份子」，從此在班上難有立足之地，他們還是較可能選擇與班上多數同學的想法聯盟。

◆◆◆引領孩子傾聽彼此的情緒或想法

再者，老師的角色，在學生間的人際衝突中，扮演了舉足輕重的分量，他可以是很好的阻斷劑，使同儕之間的衝突化解，並學習著和諧相處。然而，他也可能是催化劑，使同儕之間的戰火不斷蔓延。「壓制」、「忽略」的作法就有如是催化劑了；「壓制」的方式，就是將雙方各罵一頓，或警告雙方，最後演變成同儕之間的情緒和衝突，不但不減，反而使衝突轉明為暗。「忽略」的作法就更不用說了，忽略問題往往使「強者更強、弱者更弱」，甚至弱者到最後來個大反撲，自傷或傷人。

綜合以上幾個因素看來，班級中人際衝突問題絕對不能簡單式的將責任推給任何一方。換句話說，有效能的衝突處理不是「歸咎」而是「傾聽」。最好的介入方式是「班級或團體輔導」，必要時搭配針對霸凌者及被霸凌者做「個別諮商」。一、兩次參與班級或團體輔導是不能解決問題的，但是「長期」加入班級或團體輔導絕對是有效的，而且能帶給孩子無論是在價值觀、人際互動及個人成長上有明顯的幫助。

每個青少年都期待能找到相投的「麻吉」，在尋覓的過程中，難免會焦慮、會失落、會衝突，當他們在投入這樣重大的任務時，讓我們能適時、適宜的協助他們走過這過程吧！

【親子的暖心練習】

班級或團體輔導的領導者可能是導師，也可能是諮商心理專業人員。以下為父母讓孩子在家庭、班級或團體輔導的目標和做法：

◎ 鼓勵孩子參加班級或團體輔導，讓孩子可以在接納的環境中，說出他們不滿的情緒或委屈，以抒發負面情緒的累積，並能學習去傾聽別人不同的感受和想法。

◎ 當孩子參與班級或團體輔導中時，帶領者也可以協助學生認識跟自己成長背景、個性、能力等不同的同學，並且進一步的教導孩子們學習如何和與自己不同的人相處。

◎ 當霸凌者及被霸凌者其中一方若是特殊生：透過參加班級或團體宣導方式，讓孩子了解這位同學的特殊情形，也能緩和孩子漸漸對他產生的敵意。要特別提醒的是，這麼做不等於是在為這位學生貼上任何標籤，反而是正面協助孩子了解和接納這些特殊的學生，所以無論是帶領者或父母的正面態度和正面想法是絕對重要的關鍵。

◎ 無論是在家中，或參加班級或團體輔導，可以透過讓孩子各自表達，將衝突的事件還原：此做法稱為「倒帶法」：在衝突中，人們常會替自己的行為找到合理化的理由：「是他先……我才……」。所以在處理過程中，將衝突的事件像錄影帶倒帶一般，慢動作般的去了解衝突過程中的每一個細節，這樣才能釐清每一個行為的循環因果關係。使用倒帶法的目標不是在「定罪」，而是在「理解」。

◎ 父母可以邀請孩子使用角色扮演的方式來學習並練習新行為：事件若再重來一次，孩子會使用哪些更好的選擇及問題解決的策略呢？

◎ 父母可以選擇「班級或團體輔導」搭配「個別諮商」同時進行，會有更好的效果：在個別諮商中，專業的諮商師或輔導員會協助特殊的學生或情緒受創的學生，去探索內在較深層的問題，此問題可能和成長經驗有關，接著進一步的去引導孩子學習處理受傷的經驗和情緒。

當孩子遇到人際挫折時怎麼辦？

陪伴傾聽孩子的想法比提供解決方案更重要

即便是在人際關係受挫折的孩子，在成長過程中，內心仍是很渴望同儕的支持。因此，當孩子在成長過程中，遇到人際挫折時，父母該怎麼做呢？又要怎麼幫助孩子回到社會團體中接受正常生活呢？

兩則關於發生在大男孩團體中的故事。

我是這團體的主帶老師，成員有六位，皆是國一及國二年齡的大男孩。在這空間以外，這群大男孩曾經遭遇很多的挫折，有些學習受挫、有些關係受挫，他們被否定、被指責、被邊緣化。每星期團體聚集，學習交朋友的技能。

在這團體中，他們被允許很奔放，很自在地表露出他們的喜悅、悲傷和憤怒，因為在這空間很安全、還有有趣的活動。他們加入這團體期待著能交到朋友，能有人和他們互動，能在這短短的九十分鐘，盡情的放鬆！更重要的是這空間提供了他們被了解、被接納的環境，他們很開心很盡興；同時也因如此，他們曾經受創而累積的情緒和行為，常常也在這安全的氛圍中現露出來。

這一次的團體，我倚靠在門邊，看著他們有的在木質地板上翻滾，動作迅速將對方腳抓住，接著一方身體疊上另一方，下方的那位則用力掙脫逃開；有的在興奮地旁觀看著，正等待著機會加入；這就是男孩的遊戲。在另一個角落，有另一位大男孩，他選擇離奮戰中的人群遠一些的距離，攤開了他的四肢，十字型的平躺在地板上，眼睛閉合著，口裡碎唸著：「我好累喔！」

當他們正盡興的和大夥隨心所欲的互動時，我手上拿著近來一張我認為震撼全世界的照片，當然包括我自己；這就是那張「來不及長大的落難天使伏屍海灘」的放大版照片。照片中一名小男孩俯臥在沙灘上，海浪不停地打在他身上，當救援人員將他抱起時，小男孩早已沒了呼吸。這名小男童是今年三歲的亞藍（Aylan），來自敘利亞，和父母及五歲的哥哥加利普（Galip）一起乘船逃往希臘科斯島，他們的身分被稱作為「難民」。但出海後不久，所乘坐的小船就在海中翻覆，造成十二人死亡，包括亞藍和哥哥、母親都葬身大海，只有父親一人活了下來。

◆◆◆當孩子看到難民照片引發的情緒反應

大約十五分鐘過去後，我請他們暫停並圍坐靠向我，同時刻意將這張照片掩蓋起來，先不讓他們看見，製造一些些神祕感也許也可以引發他們的好奇與興趣吧。

果然他們很快的注意到了被我用手遮掩住的照片，有人開始說：「這是什麼？我要看！」說完就衝動的伸出手來想從我手上搶去，我也快手的握緊了那張照片，照片仍留在我手上。

無法讓他們等待太久的同時，我把照片攤開來：「來，看一下這張照片，大家有看過嗎？」我邊說邊順時鐘的巡視大家的反應。

他們的反應和我預期的有些差距，我預期他們會安靜下來，目光會盯住在照片上，臉上會有被震懾住的表情，接著會有很多的疑問提出；然而，他們停頓的時間不到五秒，接著從一個大男孩阿哲，開始爆發嘻哈的笑聲，一個傳一個，大家的目光早就從照片移走。

「你們看到什麼？想一想這照片的主題是什麼？」我把焦點再抓回來。

他們嘻嘻哈哈的笑著說，每說出一個大家就相視而笑，似乎是在競爭誰說得最逗笑。

「擁抱大自然！」、「溺水的小孩！」、「樂極生悲！」……等。

若是他們不清楚這張照片的故事背景應該會發問吧？但竟也沒有一個人發出疑問，反而是輕浮的語氣、戲謔式的形容這張照片。

◆◆◆◆在孩子聽完難民故事背景後的反應

我倒吸了一口氣，感受到了一股熱氣在體內散發開來；也許好幾年前的我，遇到這種情形可能會立即作出強烈的反應，然後再發表一篇正義凜然的言詞，好讓這些孩子得到羞愧的教訓。但，這一次，倒吸了一口氣之後，我以平靜的口氣問：「你們想聽聽這故事的背景是什麼嗎？」

他們沒有熱烈式的回應，但也沒有反對的聲音，我就繼續說了：「每一天，你們需要擔心會被炸彈轟炸？或你的家人、你身邊的朋友，突然被炸彈轟炸而身亡……。國家在戰亂中，人民沒有工作，連糧食都沒有……。」我不評價他們的反應，但用問句和敘述句的方式引導他們進入戰爭和成為難民的想像實況中。

在敘述說明故事背景時，他們進入了專注聆聽的模式，然而，故事尚未說完，阿哲突然站起來說：「就是因為『不公平』才有戰爭！」

我沒有因為他打斷我的談話而責怪他，反而肯定他的想法：「你在想戰爭背後的原因，是因為『不公平』，很棒！你可以再多說一點：為什麼你會認為是『不公平』造成的？」

「不公平、不公平，就是因為不公平！」說完就帶著大家開啟另一個玩笑的話題，手舞足蹈的令大家將眼光轉向他，大伙就跟著他一搭一唱了起來，針對照片的談話就因此打住了。

「不公平」的聲音仍然留在我的大腦裡……。

團體結束後我正整理場地，而阿哲也沒有馬上離開：「我媽還沒來接我，我好無聊喔！」說完就無聊地遊走在這教室裡，我故意靠近他：「好無聊喔？那我們來聊聊吧！你覺得在家或在學校，有沒有公平？」

阿哲看看我：「廢話，當然沒有啊！功課好的學生受歡迎，功課不好的就被晾在一旁，自己看著辦！」我認識阿哲很久，他是模型高手卻還沒有舞台，他說的這些我都知道，只差沒有再次重提他被同學霸凌的那一段往事。

◆◆◆◆受創的孩子更有想法，需要被傾聽、被理解！

除了阿哲，其他五位在團體的夥伴擁有太多受創的回憶，被霸凌、被責罰、被孤立、被冷漠對待，因此他們早已習慣封閉自己，和世界保持距離、甚至有些對立；然而在他們心中仍然渴望被看見、被重視，更小的渴望是：有人和他們互動。因此在這團體中，他們彼此試探著彼此的關係、測試自己在他人眼中的心理地位，而方式是：嬉鬧。真誠和真實的回應先擱在內心的最深處，等到時候到了，再將之揭露出來。

「這張照片叫做『漠不關心』。」阿哲目光注視著我手上的那張照片，他繼續說：「如果不是他死了，照片被公開，會有人理他們嗎？」

「是！看到這照片以前，我的確從沒認真想像過，這些難民過得是什麼樣苦不堪言的生活？」我同意阿哲所說，的確如此。

「我媽來接我了，拜拜。」阿哲匆匆地離開了……。

嬉鬧的他們，不是因為他們缺乏惻隱之心！我很慶幸自己沒有在第一時間，用自以為是的想法認為他們無知無情的態度來回應他們，因為在嬉鬧外表的心底層，他們有想法，且他們需要被傾聽、被理解！

當我因這照片被震撼，並苦於思考我能為難民做些什麼時，阿哲告訴了我，我身邊還有許多人，他們同樣被冷漠以對，被不公平對待，我需要更多的熱情，來退散這些冷漠啊！

◆◆◆

當有新朋友加入受創團隊時

另一天，這團體增添了兩個新成員，新成員的加入，帶來了某些舊成員的騷動，小陵就是其中明顯騷動的一位。

小陵用眼角瞄了一下兩位新成員，他們各自坐在我的左右兩邊：「他是啥小啊？」

其中一位新成員——阿維，立即作出反應：「啥小是誰？」

「你閉嘴啦～～我又沒有叫你講話！」小陵的口氣帶著濃濃的火藥味，引來所有人的目光都轉向他，剎那間四周的空氣凝結了。

阿維晃了一下身體，展露出不知所措的微笑，然後再將目光轉向了我，是求解惑，或像是求救的眼神。

當下我先忽略小陵對阿維的言語攻擊，我在想的是：不認識會容易使人產生猜忌，彼此從最初淺的認識開始，是縮短距離的第一步。於是我對大家說：「我們這裡沒有『啥小』，但大家注意到了嗎？我們當中有兩位不熟悉的新面孔，他們是我們的新朋友，現在大家彼此來認識一下。」

我說完之後，這群大男孩仍是靜坐不動，沒有一位先發主動作自我介紹，或展開主動認識新朋友，最後仍由我來作第一接觸的牽線者，一一的請他們作自我名字的介紹，包括他們就讀的年級。

順利完成一輪的名字介紹後，小陵和他的好朋友——阿哲，兩人比鄰而坐，時而交頭接耳，相視而笑，時而對著某位學員指指點點，在團體中顯然是兩人組的次團體。就在團體進行之時，剛剛被小陵嗆聲的阿維，對著阿哲說：「你好吵喔！可以小聲一點嗎？」

在旁的小陵立即起身站立起來，兩手攤開，臉色露出極度不悅的表情說：「怎樣！他是我罩的！你最好給我小心一點！」

◆◆◆◆ 用輕鬆口吻化解青少年衝突

以眾敵寡、以強欺弱的霸凌就在我眼前活生生的上映了嗎？我要起身嚇阻小陵嗎？然而我深知小陵長久以來內心有一個傷，從小他少被大人關愛，卻因著他的學業成績不好，經常被挨罰，長期的挫敗下，對自己喪失信心，也因此累積了許多負面的情緒。在他內心裡，他渴望的是一份被看重、被關愛的關係。

因此，我作了這樣的回應：

「你們這裡每一位都是我罩的，你、你、你……全是我罩的。如果有人欺負小陵，我會出來挺他；同樣，如果有人故意要找阿維麻煩，我也會罩他，其他人，我一樣會這麼做！」

小陵從原來的站立姿勢變成坐下，然後雙手抱膝，眼神看著地板，不發一語。

我轉向他：「小陵，你的奇摩子好像很不好，是發生什麼事？或是我們當中有人得罪你嗎？」

小陵又再次起身站起來，然後口中爆出連串的髒話，快速的將門打開，離開了團體，團體一片鴉雀無聲……。

「小華老師，請你繼續帶領他們，我先出去和小陵談一談。」我把團體交給團體的另外一位協同老師。

◆◆◆◆重視被忽略的少年玻璃心

小陵從團體離開後就進到旁邊的小房間，我敲敲門邊說：「我要進來了。」進入後，小陵看了我一眼，說：「幹嘛？」

我聳聳肩說：「就是因為不知道幹嘛，所以想跟你聊聊，你——幹——嘛，火氣好大？」

小陵仍然不吭聲，我只好再接著說：「我猜——你是——因為——阿維，雖然今天第一次加入我們，你也認識他不深，也從來和他沒有什麼過節，但是——你擔心——老師對你的關愛和注意會因此而減少，對嗎？」

小陵立即把臉轉向了另一邊，接著又再把頭轉向我，對我吐舌頭，做鬼臉。果然我說中了小陵的內心，他是如此地深怕被忽略。

「我就知道，你以為我會因為新同學而忽略你，還有忽略其他人，絕對不會的，我跟你保證。」我再次的對小陵作了關係的確認。

不久前的小陵像受傷的刺蝟，現在的他已將刺收起，笑容漸漸綻放。

「但你剛剛在大家面前，對著我飆髒話，這樣害我很沒面子耶！你現在要去跟大家說：『莫老師是大美女！』這樣還差不多！去吧！」

小陵聽了，興奮地衝回團體中，開心的說：「莫老師是大美女，不，是大醜女～～」在玩笑話中，小陵不安全感的刺已從身上掉落，團體中大家也重啟歡樂的笑聲。

心理師的暖心話

◆◆◆◆ 重視同儕對青少年人生的意義

身為父母的你，可曾想過「朋友」為什麼對青少年那麼重要？可以從三方面來探討：

確認「我是誰」很重要：青少年和朋友親近、穿著追求「潮」、好求表現……等，乃渴望從朋友獲得掌聲，定義自己是誰，且進一步形成自我認同。這種從眾的心理，父母聽起來有點不可思議（也或許父母也已經忘了自己青少年時期也是如此），然而卻是自我觀發展必經的歷程。

學習「社會化」的技能：孩子進入青春期，透過和朋友互動，有助於自己從家庭過渡到社會，全面性的學習社會化的技能。先是了解到你我想法有所「不同」，再學習正確推論別人在想什麼，進而整合他人及自己的需要、想法來調整行為。愈多人際互動磨練，就愈容易學會更精進的人際相處方式，同時亦在為兩性關係和親密關係作準備！

「朋友圈」是練習獨立的場域：一個健康的個體，有朝一日，得離開父母家庭，獨立地走向世界。在這剝離過程中，往往得依靠「朋友」作為「過渡客體」，提供支持、鼓勵、滋養，並也提供建議、回饋。例如：在和朋友互動、合作及討論過程中，發掘自己是否適合當領袖、了解自己個性上的優點或弱勢等等。反觀一位孤單沒有朋友的青少年，在獨立的議題上就打了結。當然，青少年若同時從家人和朋友得到雙重的祝福，將是培養獨立的最佳溫床！

【親子的暖心練習】

當青少年按照步調發展自己的人際圈時，父母可能會面對提早來臨的空巢期：為孩子準備餐點的天數減少了、孩子獨自關起房門的時間變多……等，有的父母因而心情變得低落、沮喪，覺得在兒女的心目中不再如此重要！然而，與其將子女當作我們依賴的對象，不如轉化為對子女的祝福，祝福他能成功找到自我，成為成熟的成人。同時，也要感謝自己階段性的任務已經完成，可以著手規劃自己新的發展里程碑了。

不過在此同時，建議父母不妨也可以換個角度來看孩子交友的情況，不要過分干涉，但也不可漠不關心，在這裡提出五點父母應正視青少年交友的心態：

◎ 父母要從「幕前」退居到「幕後」，擔任孩子的「人際顧問」的角色

「顧問」乃以孩子的立場為考量，提供他最好的選擇，勿對其朋友作負面評論，讓他感受到父母想與他合作。例如，有些父母會勸孩子：成績不好的同學或朋友不要跟他混在一起。這樣的說法，不但過於主觀與狹隘，容易引起對立外，也無法讓青少年信服。孩子往往會反駁說：他成績不好但在別的領域好！他成績不好但是很努力呀！他成績不好但他對朋友很好等等。他有更多理由來反對你的說法，甚至影響到他對你的信任。

◎ 學習以「客觀討論」方式取代「外控限制」

倘若父母對孩子的朋友極不認同，必須自已先以客觀方式來分析該朋友的優弱點，再與孩子提出討論：朋友所具備的善良面以及軟弱面，每個人都有軟弱面且是有原因的。同時，跟孩子討論其軟弱面，將如何影響他們的友誼。父母以「客觀討論」方式取代「外控限制」的方式，不僅讓孩子對人有更深的認識、更有判斷力、也更能保護自己。

◎ 可以多參與青少年孩子們的活動

例如：當他們的司機或邀請朋友到家中來。這樣一來，父母也有機會近距離認識其朋友，提供客觀而非主觀猜測的資料了。

◎ 主動創造孩子跟人群互動機會

孩子若長期沒有朋友、處在孤單中，極可能延伸出憂鬱情緒，甚至懷疑自我的價值。此時，父母必須細心給予關注外，也可以巧思創造孩子跟人群互動的機會，例如：在家舉辦聚會或餐會，邀約幾個年齡相仿的家庭一起郊遊旅行，以「興趣」會友等等；父母本身若不擅交際，則可以邀請家族或朋友中比較熱心的長輩來提供意見。

◎ 孩子遇挫折時，陪伴傾聽比提供解決辦法更重要

某些時候，孩子在交友方面會遇到挫折，甚至被同儕排擠，孩子的心也因此變得脆弱。此時，父母對孩子的心理情緒支持，會比一起討論解決方法還要重要。父母適時的關心、傾聽及同理其受傷的情緒，陪伴孩子外出去散散心，或分享自己過往類似的經驗供孩子參考。

CHAPTER 05

特殊氣質孩子的優勢觀點

著名教育家多蒙茜・洛・諾爾特如是說：
「如果一個孩子生活在友愛之中，他就學會了這世界是生活的好地方。」
因此即便是生來與眾不同的孩子都有其到來的意義，
身為父母的你最重要的是陪伴他尋找到自我定位，
任何特殊的孩子都可以發光發亮。

不要隨便丟下我

面對注意力缺失症孩子以認知行為輔導代替責罵處罰

你的孩子是不是常常不專心、忘東忘西，或寫作業老是拖拖拉拉呢？其實孩子可能有「注意力缺失症（ADD）」，與其對著孩子大聲責備，還不如趕快尋找專家協助，找到適合孩子的學習模式，才是最好的辦法。

燕子在小學時被醫生診斷有「注意力缺失症（Attention Deficit Disorder，縮寫為ADD）」，轉眼現在已是大學新鮮人了，並在大學找到了畢生難得的好朋友；相較過去的她在學業表現時常被師長這樣形容：「很聰明，但努力不夠、經常分心。」殊不知燕子常常花在書桌前的時間是他人的好幾倍，但總是繳不出師長們期待的成績單。挫折感導致燕子失去了學習的動機，且被貼上「不負責任」的標籤。

但當燕子如願以償地進入自己理想的學校及科系後，她折節向學，全心投入課業，也獲得了令人讚賞的成果。

◆◆◆◆ 被自我貶抑的思緒干擾到生活及社交

雖然人際及學業皆已逐漸步入正軌，但燕子內心仍有一個聲音強烈地貶抑她：「你很差，你不如其他人！」

於是患得患失的心情干擾燕子原來平靜又穩定的大學生活，因此急著來尋求諮商的燕子想幫助自己不再受患得患失的心情所干擾。

燕子很有條理的敘述幼時的經驗。燕子爸爸是商人，工作忙碌，相處時間少，但很疼愛燕子；媽媽是家庭主婦，自小無論生活、課業都由媽媽照料。燕子和媽媽的處事風格正好相反，媽媽是急驚風，燕子是慢郎中；當急驚風眼見慢郎中沒有跟上節奏時，即怒火中燒，而慢郎中被催趕時，也偶爾會火冒三丈，因此兩人常為芝麻綠豆大小事爭吵不休。燕子說：「我不是天生唱反調的個性，我會忍耐壓抑，但我媽若一直唸我，逼我到了一個極限，或逼到我情緒崩潰時，就很難收拾了。在我心裡一直認為我必須要做到我媽訂的標準或期待，但我一直做不到，因此很痛苦！

再來不幸的是，我是家中的獨生女，又沒有朋友。別人眼中的我是：反應不夠快速、很無趣、別人講的話題或笑話，都跟不上；我也不太敢找人聊天，在學校時經常一天下來沒說半句話，其實……還蠻孤單的。」

「聽起來無論在家庭、學校，都有一種你是被嫌棄的感受，是嗎？」我確認在燕子內心中所經驗到的感受。

燕子點點頭：「其實我知道我媽很愛我，但她表達出來的不知為何老是嫌棄我，從她眼中感受到的是：『我是一個很沒用的人』，所以在人際關係自然就很不好，因為我先看扁自己，別人自然也不會看上我，或想跟我作朋友。現在的我，因為比較成熟了，會這樣反思。」

「燕子，有能力反思是了不起的事！即便你仍被過去挫敗的經驗所困，但仍努力帶領自己到更寬廣之地，跳脫過去經驗的影響。你是一個願意對自己負責的人喔！」我由衷的讚賞燕子所作的。

燕子聽到如此的肯定即露出靦腆的笑容：「莫老師，有一件事我一直記著，也在夢中出現過多次，它應該是影響我很大！」

我露出好奇的表情邀請燕子作分享。

◆◆◆◆ 千萬不要用驅離的方式對待孩子

燕子開始說起她國中發生的一件事：「那時我國一，我常忘東忘西，有一天我媽開車到學校接我放學，一上車她就劈里啪啦地說：『你今天是不是有功課又沒帶去學校的？它還在你的書桌上，前一晚我不是有提醒你，叫你把該帶的東西檢查一遍，你到底有沒有在聽啊？』她的口氣愈說愈急促，結果在車上就開始發飆起來。我本來是悶不吭聲，可是到後來也忍不住跟她吵起來了。後來她把車子停下來叫我下車，叫我下車耶！我下了車，她就把車子開走了，我很難過，邊走邊哭！」

邊回憶並描述此段經歷時，燕子的心情彷彿又回到過去，心情激動了起來，我說：「當時的你深刻的感受到『我被遺棄了』，媽媽遺棄你，同時也沒有其他人是你的朋友，可以來關心你。」

燕子深呼吸了一下地說：「沒錯，因為自己沒把事情做好，結果就被丟包了。我媽把我趕下車，這件事她肯定做錯了，雖然至今她從未為這事道歉過。」

「燕子，你很在乎媽媽沒有跟你道歉這事嗎？」

「一點也不，因為我了解我媽，她是個好強、倔強的人，她不可能道歉的。但我有一個希望，我希望這樣的事不要在其他孩子身上複製，尤其像我這樣受過很多挫折的人。」燕子心情已平復下來，取而代之的是對此事的期待。

原來燕子想要的不是一個道歉或憐憫，她想用自己的經歷去告訴大人：不要對孩子發怒時，用驅離的方式：趕下車、趕出家門等等，尤其是對一個沒自信滿了挫折的孩子！就像燕子心中當時所受到的創傷：我是一個如此糟糕的孩子，全世界的人都不要我，連我的父母也不要我了！也許大人是一時的心急、求好心切、或自己面對問題無力又無助，無論如何都要先冷靜下來，尋求理性又有效的作法來幫助孩子，在當下提醒自己：「不要怕，小事情，有方法！」

◆◆◆ 幫助ADD孩子欣賞並接納自己的好壞

諮商結束前，我們約定往後的諮商目標是協助燕子重拾自信，能夠欣賞自己的優點，也能接納自己不夠好的。燕子準備離開諮商室時，折返走到門口對我說：「莫老師，拜託你要把它寫成文章，警惕作父母的千萬不要再犯這樣的錯！尤其是對ADD的小孩。」我答應她。

下次見面時，我把手稿給燕子看：「燕子，我答應你的文章我寫好了。」燕子興奮的說：「太好了，你幫我完成了一個小心願！謝謝你啊！」我也很愉悅的回應：「因為你值得啊！你用自身的經歷來提醒大人，這是何等重要又有價值的事呢！很榮幸你給我這樣的機會！」

心理師的暖心話

◆◆◆◆注意ADD孩子的五項特徵

許多「注意力缺失症（ADD）」的孩子在成長過程當中，因為學習過程的狀況非常特殊，又得不到父母及老師的了解與接納，更遑論能得到有效能的幫助，而導致產生學習的挫敗感，並影響到自信心。

簡單整理一下「注意力缺失症」的孩子因其特質對學習所產生的影響有：

第一，在單向（老師講學生聽）的上課模式時，會分心、發呆、干擾別人。

第二，因專注力難即時啟動，回家作業常拖拖拉拉；又因在寫作業的過程中分心及短暫的持續力，作業完成的效率低。

第三，在文字的書寫上常有困難，作文造句也受到跳躍式思想的影響。

第四，數學方面常粗心算錯，或者是算對寫錯；針對應用題則較困難作抽象的思維。

第五，在領悟能力上，他們對抽象理解思考的「左腦」教學方式，常感到無聊無趣，例如：數理的計算程式；反之較偏向於感官式的學習及操作學習，例如：設計、舞蹈表演及烹飪料理等等。

父母可以仔細關注，若孩子有以上五點的情況產生，應即時帶去給專家診斷，並提供有效的幫助，提早找到適合孩子的學習模式，並以陪伴及認知行為輔導增加其正面思考，才能引導 ADD 孩子早日走出屬於自己的道路。

【親子的暖心練習】

「注意力缺失症」的孩子因長期在學習方面產生挫折及疲累感，有的甚至發展成無學習動力或拒學症，因此，為協助他們的學習意願及成效，必須切換到適合他們的學習歷程，以下有幾個建議方法：

◎ 發掘學習的優勢模式

當孩子很乖的坐在書桌前，並不表示其「輸入」和「輸出」的效能是高的。要達到最高效能的學習「輸入」和「輸出」是要找出每個 ADD 孩子的學習模式並依循下去，而 ADD 常見的學習模式為：聽覺學習型、群體討論型、視覺筆記型、操作體驗型。

◎ 一對一陪讀或教學

比較起集體的課堂教學，對 ADD 孩子而言，一對一的學習模式是更為有效能的學習方式，因此陪伴者必須要有耐心，且創意變化的教學更能吸引住其專注力。

◎ 提供舞台、角色，展現優勢

「注意力缺失症」者各有其不同的優勢，如：熱心助人、體能運動、藝術表現等等。提供機會發揮其優勢或擅長的能力，可增強其正向的自我認同。

◎ 認知行為輔導

除關注 ADD 孩子的學習外，若再輔以認知行為輔導代替責罵處罰，協助孩子改進生活應因品質，如：忘東忘西、丟三落四……等，則更具深遠的影響。

他不完美，他是我孩子

用陪伴中的「優勢觀點」對待自閉症孩子

面對自閉症的孩子，父母往往不知所措，除了要應付孩子的情緒及學習問題，更擔心未來生活的適應；其實別擔憂，學習換個角度看自閉症，或許可以從他們身上看到另一個世界。

小光不像一般的孩子，能不費吹灰之力和別人溝通。兒童時期的他不愛說話、即便開口，也表達不清。他更怕陌生人，一見到就躲起來。當聽到雷聲、鞭炮聲、劇烈的聲響，會驚慌失措，兩手摀著耳朵久久不放……。這些總總，使他在進入學校或任何群體時，總是要費盡一番心力，才得以安穩下來。

「他在三歲時，我們帶他去看醫生，醫生說他是自閉症。所以，無論他入學或去到任何一個群體，我都會跟老師說：小光有自閉症，請大家多幫助他。」同樣的，我第一次和他們母子倆見面時，媽媽也這樣告訴我。

第一次見到小光那一年是他小學四年級。當他看到我這位陌生人時，像隻受驚嚇的小貓躲在媽媽的身後。

媽媽用很溫柔的聲音對他說：「小光，不要怕，莫老師是來幫助你的。」

儘管媽媽不斷的說服他我是一個「安全」的人，小光依舊小聲喃喃自語地說：「不要——不要——！」

我和小光第一次見面的印象，依然深印在我腦海裡；如今小光已經十八歲，在高中畢業之際。回想過去那一段日子，是非常艱辛的……。

求學過程，小光的老師們給予小光許多的愛心與包容，為小光周遭安排了小天使協助他。當小光感到安全與信任，又或者當他感到開心時，他的臉上總是露出單純、赤子之心般的微笑。在天冷冬天看到這笑容，有如一股暖流般的窩心；若在酷熱的夏天看到，則像是一股清風般的柔和清爽。因此，小光雖有恐懼發作的時候，但除此之外，他的溫和與笑容，總是吸引大大小小的大人、小孩，來靠近他。

◆◆◆◆父母情緒低落時，請給予鼓勵與支持

小光的媽媽更是了不起的媽媽，生下小光後遭到婆家的排擠，最後是和先生離婚作收場，自己獨自撫養小光。小光的發展從語言、動作、人際互動、情緒等等，都需要協助，媽媽費盡苦心的去張羅這些事。

當然，過程中媽媽也曾經崩潰過，為了小光的學習成果不理想、小光固執抗拒的情緒。媽媽在情緒低落中，質疑自己對待小光的教養方式：「我是否太溺愛他了？我是否對他的要求太少了？他為什麼進步這麼少？長大之後，他能做什麼？」

面對媽媽這樣的挫敗和情緒低落，我給予的是鼓勵與支持：「小光媽媽，你過去為孩子所做的一切，沒有人有資格批評你。很久之前，小光連一個字都不會說，連數學一加一都搞不懂時，唯有你陪在他旁邊，對他不離不棄。」

「有時候真想放棄！但後來還是咬緊牙關走下去。」媽媽表露出心中的煎熬。

「在最困難的時候，還繼續堅持著，這是愛的力量吧！因為愛很深，就不會輕易放棄。」我由衷地佩服小光的媽媽，她不僅是為孩子事煎熬，為自己婚姻挫敗而

心碎，甚至正在經歷癌細胞的侵襲與死亡在交戰著。面對這些苦難，唯有心中有愛、有盼望，才能活下去面對每一天吧。

「莫老師，我有時很軟弱，需要有人和我聊聊，我就可以再恢復一些，繼續下去。」小光媽媽經歷了幾次的低落，幾次從幽谷中再站起來。我對小光母子倆的工作就是支持媽媽，與媽媽共同討論小光遇到的難題，同時成為小光的傾聽者，無論從語言或非語言來了解他、引導他。

◆◆◆ 發掘自閉症孩子的優勢

經過幾年的努力，小光有明顯的進步，特別是他對人的恐懼已經消除，取而代之的是他喜歡親近人。然而媽媽的憂心並沒有結束，面對小光的未來，媽媽憂愁著：單純的小光，如何面對這複雜的社會？他以後要如何獨立生活呢？

因著我相信每個人的存在本身就是有價值的，所以我邀請媽媽去發掘他的優勢，進而再以逐步建構的方式把其優勢發揮出來。

在小光即將滿十八歲前夕，我問小光：「你以後想做什麼？」小光雙眼先是看著我，然後低頭、聳聳肩。

「我聽媽媽說，很多老人家都很喜歡你，有你在他們就很開心耶，你也很關心他們，會唸故事書給他們聽，還唸得很大聲喔！」我對他比了一個大拇指。

小光點點頭，散發靦腆的笑容說：「我可以去教會的老人小組服事他們。」

我跟媽媽同時肯定了小光自己所提出來的想法。

我對媽媽說：「小光身上所散發出的單純，其實是上帝給他的最大禮物啊！」

「同意，他非常單純，在社會上要找到這種單純很難了。跟他在一起，即便很少的言語溝通，內心卻能從他身上感受到一份特別的平靜，有別於外面世界所感受到的紛擾、急迫於追求成功的競爭感……。」媽媽眼神閃爍著喜悅與欣賞。

小光，看來什麼都沒有，沒有這世界「成功」的標誌，但卻擁有成功的人、有能力的人，所缺乏的「單純的心」。

當以優勢的眼光來看待小光時，媽媽從憂愁轉而有信心的這麼說：「小光的優點和他對這世界的貢獻，我應該是第一個享受到的人！我可真幸福啊！」

心理師的暖心話

用優勢的眼光看孩子

特殊孩子的父母在陪伴孩子成長的過程中，比起一般孩子的父母，確實更為艱辛；在學期間為適應環境的議題而奔波。當進入職場時，擔憂孩子的心亦不曾歇息。然而，當父母以有別於一般主流社會的眼光來看待孩子時，卻也能從中經驗到一種超越的幸福感；例如：當無語言能力的孩子吐露了一聲爸爸或媽媽、當孩子擁有的是一顆善良赤子之心等等。特殊孩子經常教導我們必須以別的眼光看世界！

什麼是陪伴中的「優勢觀點」呢？它是一個未來導向的觀點。我曾經在靈修作家，同時也是神父——盧雲的書中看過一則有關米開朗基羅創作雕像的小故事：

從前一位雕刻家，他用鐵鎚和鑿子在一塊大理石上辛勤地刻鑿。有個小男孩在旁一直盯著看。他只見大大小小的石塊左右落下，卻完全不曉得雕刻家在做什麼。過了幾個星期，當小男孩在來到工作室的時候，他驚訝的發現，曾經擺放大理石的地方，竟然坐著一頭雄壯的獅子。小男孩興奮莫名，跑去問雕刻家：「先生，請告訴我，你怎麼知道大理石裡面有一隻獅子呢？」

雕刻家的回答是：「因為在我的眼睛看見大理石裡的獅子前，我心裡面已經看到他。祕訣就是我心裡面的獅子認出了大理石中的獅子。」

雕刻家藝術首先是一種看見的本領，再下來才是把心所見的雕刻出來。

雕刻家是如此，父母看孩子亦是如此，能認真專注於孩子存在的價值，不受世界或外在社會的框架所局限，這眼光乃能穿透那一層層加諸在生命表層的荊棘，釋放出內蘊的光華。

【親子的暖心練習】

當以「天生我才必有用」的眼光出發，父母可嘗試以下列方式發掘孩子的優勢：

◎ **自發性**：什麼是孩子自發性會去做的工作？這類事往往是自己本身喜歡且有興趣的事。

◎ **主題性**：孩子會持續關注的主題是哪一類？諸如：藝術類、工程類、運輸類、運動類、廚藝類、服務類……。

◎ **優越性**：什麼是孩子感到有興趣，且去做時得心應手的事？不僅如此，他會因從中獲得成就感而重複去做。

◎ **堅持性**：什麼事是孩子願意主動且重複地去做？即使花長時間、考驗耐心、吃苦，也甘之如飴。

◎ **發展性**：什麼事是孩子從小到大，經過了一段時間，該主題性的興趣仍然持續著，且愈來愈突出、精緻化？例如：小時候喜歡拿筆塗鴉，長大些喜歡畫畫、再來喜歡畫服裝的設計圖。

我是優秀的獵人

如何協助過動兒控制情緒找到自我

很多父母面對孩子有過動的症狀，通常不知該如何處理？其實，只要多多陪伴他，並傾聽他說話，肯定他的某些行為，有一天當他被放置到對的位置，也會發熱發光！

小孟是家人老師眼中的火爆浪子！小時候常常易怒，發起脾氣時，會摔物品、和父母有嚴重的口語和肢體爭執。此外，上課時愛跟同學交談、常提出問題，對老師而言是分心、干擾上課，作業常不是遲交就是缺交；但成績卻表現得亮眼，原因就是上天給了他一個智商一百四十的腦袋！

媽媽因為孩子的種種狀況，帶他到醫院，醫生說他有「注意力缺失過動症（ADHD，又名過動兒）」。

國中以後，小孟心情轉為憂鬱，對上學及所有原來熱衷的事都失去動機。小孟漸漸不愛上學，即便到了學校，也不願進教室，經常在輔導室趴著睡覺，無精打采。就這樣，國中三年在與憂鬱拔河中，小孟升上高中，卻是人人稱羨的高中。然而小孟並未因此走出憂鬱，他帶著沮喪夾雜一絲絲希望的心情來找我。

◆◆◆用同理和支持緩和ADHD孩子的情緒

小孟一開始談話時，就直接說：「老師，我經常失控，我到底是哪裡出了問題。小的時候，情緒常失控；到了長大，我盡量改我的脾氣，雖然沒有完全改好，可是已經比小時候好多了。不過，我不只是脾氣控制不住，我連我的行為也常常控制不住，譬如：我常常有很多想做、或應該要做的事，可是到了最後卻往往完成不了；不僅如此，我不想做的事卻在做了之後被挨罵，或是明明知道會對自己不利的事，我卻做了……。」小孟一口氣把一段話說完後，大吸了一口氣，接著有些激動的說：「我和別人真的很不同，是不是我哪裡錯了！我很努力想要改，我盡量壓抑自己，免得做多錯多；我也學習別人的方法做計畫，但是我最後得到的結果是——失敗！」說完，小孟臉上顯出非常痛苦的樣子，雙手將臉摀住。

此時的小孟像極了在海難中很努力又很掙扎地想游回岸邊的受難者，他需要的是被支持、被鼓勵，還有——被救援。因此我對他說：「小孟，你感覺很多事都一直在失控中，而且對失控感到很不安、很沮喪，你也很努力想要改變。從過去到今天所你經歷的，都是不容易的！」

在我的同理和支持中，小孟的心情逐漸平靜下來，但臉部肢體仍然沉重，我繼續對小孟說：「這不是你的錯！只是……你還沒找到屬於你自己的方式而已。現在，你已經開始在往認識自己的路上前進了。當你更了解自己時，自然你會找到適合你的方式。」

「對～～我也覺得是這樣，有時候我覺得是自己有問題，因為表現出來的行為，和別人有很大的不同；可是，有時候，我也覺得自己這樣沒什麼不好啊！譬如：小學的時候，老師上課上得太無聊了，我的腦袋不知不覺就幻遊了；我最常想像自己是將軍武士，拿著刀劍揮舞，很是威風；接著我就跟旁邊的同學說話玩耍，結果就……。唉～～被老師罵了！」從小孟的語調聽起來，他的元氣比起先前提升了，特別是談到小時候的「調皮史」。

我請他再多告訴我記憶中小時候的他。

◆◆◆ 引導ADHD孩子與自我相處並給予肯定

小孟開始敘述他記憶中的小時候：「我從小喜歡逗人，把人逗得開心或生氣，好像是我的樂趣，所以，我家的弟弟就常被我惹得哀哀叫的。尤其是當我沒事做，他就成了我的玩具。還有，我小時候被人說是寫功課不專心，可是真正的情況是：當我看到某一題目時，就會開始聯想別的事，或是旁邊只要有點聲音，就會分散了我的注意力。我的想法很多，我也常懷疑為什麼課本只給我們一個答案；父母、老師常說我不專心、持續力低，可是有時我開始做一件事，我比其他人都專心。我也發現，如果有同伴一起，做任何事的效率和品質都比一個人好，尤其這同伴可以和我來回討論。以前老師規定上課不能講話，不能亂動，我常因為這樣被處罰，老古板的上課方式讓我感到像是在牢獄中啊～～」

小孟，說了很多很多，我專心聽完他的故事，接著問了他一個問題：「你覺得你比較像農夫？還是獵人？」小孟立即反應：「像獵人！」

「嗯～～你的確比較像獵人，你有『眼觀四方，耳聽八方』的能力，風吹草動立即引起你的注意，但也被誤解成不專心；你偏向在動態中學習，透過討論、參與、動手做——你會學得更好；你的生活方式充滿動感，旁邊的人太安靜時，就容易成了你的獵物！對嗎？」

小孟聽完，略有所悟的問：「所以，我比較像獵人，可是我的周遭環境，包括學校，比較像是農夫的學校，對嗎？我是獵人，卻逼自己要像農夫。唉！連老師、爸媽也期待我變成農夫！我國中過得特別痛苦，從早上七點多到下午五、六點都被關在學校，放學後還得補習，每天一大堆考試，生活過得超無聊……。」

「獵人」觀點點燃了小孟內心快被熄滅的火，我們熱絡地談論著獵人的特性，遭遇到的挫折有哪些。小孟是個聰明的孩子，有舉一反三的能力。當他從獵人觀點來理解自己時，在他散發的眼神中似乎找回了失散的自己。

在諮商結束離開前，小孟說：「我有信心能在農夫的環境裡證明給別人看，我不是不好，只是和你們不同而已！」

在 Give me five 的擊掌後，小孟帶著微笑離開我的諮商室。他走在找著自己的路上了！

心理師的暖心話

◆◆◆◆ ADHD到底是一種「特質」？抑或是「疾患」？

根據精神疾病診斷與統計手冊（DSM-V），「注意力缺失過動症（ADHD）」是一「疾患」（disorder），然而愈來愈多的人視它為一種特質，此亦如同每個人都有他自己與別人不同的特質一樣。

所以我們不禁要問：ADHD 到底是一種「特質」？抑或是「疾患」？

其實可以這樣詮釋：由於其生理的特殊狀況連帶造成 ADHD 脆弱的「心理體

質」，尤其是要適應現今教育環境下所產生的。因此，換個角度想，若能妥善的協助與陪伴，它可以是一「特質」，甚至是一「好」的特質；反之，它很容易發展成一疾患或併發出其他的疾患，例如：焦慮症、憂鬱症、品行問題等嚴重的問題。所以，我們能否掌握了解影響 ADHD 的特質，即是協助他們的關鍵。

綜合 ADHD 的特質當中，影響其發展的特質，主要是在：

注意力不足：包括啟動（開始做一件事）、焦點（集中作一件事）、持續（持續做一件事），及分配（同時注意幾件事）等注意力。

衝動：在肢體動作、情境的反應及情緒的反應上，皆表現出缺乏耐心、協調性不足及浮躁的現象。

好動：不但在肢體有好動甚至干擾他人的現象，其內在世界亦是起伏不定。

感官取向：感官特別敏感，想像力及情感豐富，然對於分解和重整訊息較弱。

跳躍式思想：思想的聯結有中斷現象，缺乏組織力與秩序感。

這些特質，在成長過程中，若沒有來自家庭及學校的了解與協助，經常會造成困難，並且產生一些不利的結果。

針對ADHD的「獵人／農夫」假說，是由美國一位名為「湯姆．哈特曼（Thom Hartmann」）所提出的，他是一位斜槓族，從事廣播工作、演講、作家、社會觀察及改革，同時他也是一名心理治療師，長年關注兒童和成人的過動症狀，創立了「過動症獵人假說」並開辦了面向過動症兒童的「獵人學校」。

依照他的定義而言，什麼是獵人特質呢？

首先，需要冒險犯難、活動力強，才能勝任開荒的工作。ADHD具有強的活動力，常常停不下來。

第二，需有製造打獵工具的能力。許多ADHD在操作學習，也就是動手作方面表現優異。

第三，需有敏感的感官能力，能耳聽八方、眼觀四方的能力（農夫說這是不專心）方能有效覺察各種動物的蹤跡。

第四，需在發現獵物的時候，有立即果決的反應（農夫說這是衝動）。

第五，打獵之餘，他們也是天生的藝術家，無論音樂、美術、陶藝、舞蹈……。

其實，身為ADHD的父母，除了關注於ADHD孩子的脆弱性特質外，眼光若能定焦在其優勢的特質，更能協助他們找回自信心，並發揮他們原來所擁有的豐富資源，造福社會。

【親子的暖心練習】

面對ADHD的孩子，爸爸媽媽不必擔憂。家庭或學校若有充分的了解與協助，孩子一樣能發光發熱。

◎ 請爸爸媽媽了解ADHD的特質，並幫助孩子找回信心

爸爸媽媽如果能夠透澈地了解ADHD的特質，並且以優勢的觀點來看待他們，不僅可以讓這類孩子的弱點所帶來的力影響降到最低，更重要的是能幫助孩子找找自信心，明白自己的優點，孩子一樣可以有機會在適合自己的位置上發光發熱。

亞斯孩子，我想當你的朋友

如何敲開亞斯孩子的心房取得信任關係

很多人對於亞斯孩子總抱持著錯誤的理解及看法，其實亞斯孩子只是需要比別人更多一點的耐心進行溝通，當彼此取得一份信任關係時，亞斯孩子的回報是超乎想像的。

小銘是亞斯伯格的孩子，在國一下學期一開學時，毫無跡象地突然拒絕上學。家人很不解小銘就學以來都是拿全勤獎畢業的，為何突然之間不上學呢？問他，他閉口不談，再逼問，他撞牆自傷；學校老師到家中拜訪時，他躲進衣櫥內。最令家人擔憂的是，自那一天起，他斷絕跟外界作任何的接觸與互動。

第一次見到小銘是媽媽帶著他來到諮商所，櫃檯人員通知我孩子站在前院不肯進來，媽媽不知該怎麼辦是好。

當我知道這情況時，不二的選擇就是主動到前院去見他們。我把紗門拉開後，和他們母子倆打了一聲招呼：「嗨！我是莫老師！」當下，孩子立即變換站姿，變成背對著我，雙手抱胸；媽媽則是朝向我露出焦慮求助的神情。

媽媽猜測小銘不進來的原因，對我解釋說：「孩子可能有潔癖，怕髒，所以不想脫鞋子進入，但他也不願意穿著鞋子進入，因為不想要地板變髒。」

◆◆◆◆ 面對不易改變的孩子先順應是準則

聽完後，第一時間判斷這是個有固著（或固執）性不容易改變的孩子，自然是先順應他的原習慣，所以我這樣回應了：「喔～～這小事情啊！可以穿鞋子進來沒問題的，地板會有專人處理，不用擔心。」然而這回應並不能引起小銘的同意，他以搖頭表示拒絕。

不脫鞋子這方式不能成功邀請小銘進入，只好再轉換方式，不移動可能是最好的選擇：「好吧！即然不想進去，我們就站在這邊聊聊也可以。」

我、媽媽、孩子，就站在前院。媽媽見孩子完全不配合狀，臉上盡是愁容：「我已經帶他去過好幾所醫院了，半年下來，他都不跟醫生或心理師說話。心理醫師們表示一直這樣不講話下去，就沒辦法繼續做治療。唉～～今天看他狀況依舊，我心都涼了啊！」

媽媽繼續述說孩子近半年來的變化給我聽：他半年來不上學、拒絕學習、除了和家人互動，其他人一概拒絕，生活只剩下電腦和貓。

聽了一段媽媽的描述後，我再看看我身後的小銘，他微調了身體的姿勢約九十度，終於能一窺到他的側面。同時，我也發現即便他看著大門，默默不語，但並沒有想把門打開，擅自要離開的動機；他耐著性子聽著媽媽講給我聽那些已經重複對著其他醫療人員說過好幾次的話。

如此拒人於千里之外的孩子，身邊是一臉憔悴又憂心的媽媽，在聽著媽媽敘述的同時，也提供了我一些想法，我心裡已有接下去因應的畫面了。我問媽媽：「他平常喜歡用電腦玩遊戲嗎？還是看影片？」

媽媽說：「他喜歡玩一款遊戲，也喜歡查資料，看維基百科。」

「是什麼遊戲？」在這樣的情境下，我竟選擇來聊聊遊戲，是什麼原因呢？很簡單，遊戲總比談為什麼不上學較令人開心吧；加上我從許多學生身上聽聞了不少遊戲的知識，理應可以現學現賣吧。

然而面對一個不積極又抗拒的孩子，要成功靠近他，我有多少的信心和把握？不管！在如此狹小的空間、有限的時間內，我唯一希望能做到的，就是散發出宇宙無限多的自在輕鬆的感染力啊！

果然媽媽陪伴這孩子已有一段時間，連他玩的是什麼樣的遊戲，她也很清楚。這遊戲大約是和中世紀歷史背景及戰略有關。

◆◆◆◆ 直接的行動溝通有時也可以替代言語

聽完後我再次轉向這位大孩子：「這遊戲叫什麼名字啊？」他仍用力的搖頭。

「那我來問你，你有玩過 Minecraft 嗎？中文叫『創世神』？」我說了一款當紅的遊戲，目的是讓他知道我和遊戲距離沒有很遠。

他仍搖頭，然臉上竟然出現了一抹笑容，這細微的線索如同黑暗中的明燈如此重要，我當然不能輕易放棄，務必要緊緊地跟隨這寶貴的線索。

言語的互動不是唯一，也不一定是最重要的，直接的行動有時候也可以替代言語。

「你現在不要說話，一定不能說喔！」我比了一個「閉嘴」狀。

「我需要三樣東西擺在這裡，第一是一張桌子，第二是兩張椅子、第三是一台我的Apple電腦。要做什麼呢？我把電腦打開，你用電腦來告訴我，你玩的是什麼遊戲，我對你玩的這遊戲，太感興趣了，我一定要知道。」「太感興趣」這四個字，還特別加強了語調。

「來！幫我搬一下這張桌子！」我呼叫了他過來幫忙這件事，他也過來了。

「還有這兩張椅子，謝啦！」桌子椅子都擺好在前院，接著再把我的電腦也搬出來了。

「媽媽你可以到裡面的候客區坐著，吹吹冷氣。」我示意媽媽離開，這空間就剩下我和他了。

當我把電腦打開時，我電腦的桌面是家裡貓咪的照片，剛好小銘對貓咪有特殊的情誼，我問他：「你喜歡貓咪嗎？」他點點頭。

從開始見面到現在，第一次不是搖頭而是點頭，這更增加了我跟他互動的信心，我再秀了幾張貓咪的照片，他看得很入神。

◆◆◆◆ 釋放電腦主導讓孩子放鬆警戒

接著我回到搜尋遊戲的主題，我敲打著鍵盤，輸入幾個關鍵字：「遊戲、戰爭、中世紀」，打完以上的關鍵字後，出現了很多的搜尋結果，我搔搔頭問他：「是哪一個啊？」

「這個？還是那個？」他都一一搖頭，還抿嘴而笑。雖然沒有言語，但是非言語的互動已在我和他之間正在進行著。

玩了一下電腦遊戲猜猜樂後，我表現得有些挫折說：「唉！我不猜了，你直接秀給我看吧。」

我把輸入電腦的主導權，交給了他，他也接過來了。他邊打字，另一隻手邊遮掩鍵盤，見狀，我就自己用手遮住自己眼睛的視線。這樣一來，他更能放鬆的在鍵盤上敲打著。

過了一會，「好了嗎？」我問。

「嗯！」他回答。雖然輕輕的一聲，也是有回應啊！

我把手拿下，電腦出現的是「Minecraft」的搜尋結果。

「啊，原來你玩的就是我說的這個啊？」

他搖頭：「我不是玩這個，可是，我想問你，你玩這遊戲多久了？」他問我問題，表示他好像對我感興趣起來了。

「好久了，大約五、六年前，當時是一個高中生介紹我玩的。」

從這裡，就有了一問一答，一來一往的互動。

◆◆◆

亞斯孩子一樣渴望與人分享聊天的心情

不久，他說：「這裡好像很熱，有蟲。」

沒問題，我們搬進去，裡面有冷氣。於是我們又大費周章了一番，把桌椅搬進諮商所裡。這比一開始跨越了一大步，只差還沒進入諮商室內而已。

坐下來後，我們又用電腦查詢了一些他感興趣的話題，由他分享了一些他的所知。在流動的互動中，他插播了一個問句：「為什麼心理治療是這樣進行的？」

「你認為的心理治療是怎麼進行的？」他沉默，我接著說：「我認為的心理治療就是像當朋友，像現在這樣啊，什麼都可以聊！」於是，他又接著前面的話題和我談論著，他邊說，我專心的聽，也問他問題。一個接一個的話題由他開啟，我感受到他渴望和人分享聊天的心情，不只那麼一點點，而是非常渴望。

時間隨著一分一秒的過去，到了諮商結束的時間，他露出了不捨離開的心情：「時間怎麼這麼快？」最後，在媽媽三番兩次的勸導下，他跟我道別了。

離開前，他在電腦的鍵盤上敲下一排英文字。

我馬上猜到這是什麼：「這就是你在玩的遊戲嗎？」他點點頭。

可愛的孩子！他細膩的記住了我和他之間互動，他回答了我的問題，他也接受了我的友情。

「再見，期待下個星期二再見面！」我揮手和他道別。

接下來的諮商時間，小銘總是提早半小時到，他不只和我談話自如了，也因著搭橋的方式，逐漸地他和諮商所其他的同事也聊起來！他的焦慮不安減少、他的交友圈逐漸擴大。有一天，也同樣透過搭橋的方式，加上協助老師了解小銘的特質，經過學校老師細心安排與多番的嘗試，他重新返回學校，同樣又是堅守著不遲到、不早退、不請假的習慣。

心理師的暖心話

◆◆◆火星上的人類學家——亞斯伯格症的孩子

「亞斯伯格症」比較起十多年前，無論是從名人自白、電影、書籍中，已有更多人聽過或知道它。在最新的第五版「精神醫學診斷準則」（DSM-V）中已經取消亞斯伯格的獨立診斷，統統納入於自閉症光譜（Autism Spectrum），亞斯伯格則是落在光譜的最外環，也就是比起嚴重的自閉症、它屬最輕微的自閉症；然為何它仍屬於自閉症光譜呢，原因是它仍具有自閉症的兩大核心障礙：一、社會與溝通障礙，二、行為興趣的固執。

從社會與溝通障礙來思考，亞斯伯格特質的人亦被如此形容「火星上的人類學家」，他們彷彿從另個世界來到這世界，不太懂這世界的人際互動規則、人與人之間的微妙訊息，因此被稱為「不夠社會化」。因此，在適應人際群體時常常會遇到壓力與困難，甚而會併發其他心理及行為的問題，例如焦慮症是最常見的。

學校環境是一個容易產生人際互動壓力的地方，包括：課堂上要分組、要合作、要懂得自我保護避免人際霸凌等等，彷彿是個壓力鍋；又倘若在學校中缺乏被支持與被了解，亞斯孩子容易在此高壓下全身而退，要不就是另種極端：因焦慮害怕而延伸的對立攻擊。

目前在台灣的教育體制下，有特殊教育法來協助亞斯學生，包括對師生宣導關於亞斯伯格的認識，還有實施「個別化教育計劃」，針對亞斯孩子的優弱勢給予協助。這些已堪稱是頗為健全的體制了，然而，萬事俱備，只欠東風，東風是什麼呢？

就是建立一份與亞斯孩子有連結的關係，是其中最重要的部分了。

◆◆◆建立與亞斯孩子的連結關係

以下引用於一九四四年率先提出關於亞斯伯格案例報告的漢斯·亞斯伯格醫生（Hans Asperger）（後來「亞斯伯格症」就是以此醫生名字命名的）給老師的一封信寫道：

> 這些亞斯孩子對老師的人格特質十分敏感。不管他們的狀況有多困難，或即使處在最佳的條件之下，他們都能接受別人的引導及教導，不過只限於那些能了解他們、願意真心關心他們，且表現和善及具有幽默感的對象。老師的內在情緒狀態，確實會影響到亞斯孩子的心情和行為。當然，想要應付及引導這些亞斯孩子，絕對需要具備充足的知識，能夠了解他們的特點，還要有教學的天賦及經驗；只有教學的效率絕對不夠。
>
> 進行各種教學互動時，必須不帶任何情緒。老師應不能動怒，也不應期待被大

家喜愛。**老師應不惜任何代價保持冷靜、鎮定，且必須能自我控制。**

從漢斯．亞斯伯格醫生來看，的確對老師的要求是嚴苛了些，然而真正的教育工作者，確實不能忽略和學生之間的良好及信任關係。因為對於亞斯孩子或學生來說，他們擁有與老師或父母之間一份信任關係是非常重要的，尤其能協助他們在高壓環境中的壓力調節。

【親子的暖心練習】

以下提供老師在學校或父母在家時，面對亞斯學生或孩子調節情緒所能發揮的功能：

◎ **保護者：**亞斯孩子在群體環境中容易焦慮，十分需要一個安全堡壘，這安全堡壘的建立是因著他感受到被關愛被了解。當他知道在校園內有一處是他的安全堡壘時，對焦慮的降低是有莫大的幫助。同樣在家裡也是。

◎ **調節者：**亞斯孩子在面對感官的刺激、環境的刺激、被要求的事項上，都會遇到情緒難於調節的可能，因此，校園內有老師能協助當他遇到壓力或難於調節的情況，是十分重要的，目標是：協助他情緒平靜下來或保持冷靜。同樣在家裡或是帶亞斯孩子到任何環境也是一樣，必須要有一位成熟大人協助亞斯孩子緩和情緒。

◎ **翻譯者：**有的時候亞斯孩子對於他人的訊息會有誤解、模糊、不能理解的時候，同時亞斯孩子在發送訊息時，也會引起他人誤解或不能理解。因此，在他與他人中間，需要一位翻譯者，能適當的翻譯訊息，使亞斯孩子能掌握他人訊息，也可以避免他人對亞斯孩子有所誤解。

◎ **教練：**當亞斯孩子在環境中遇到困難而感到疑惑時，他不一定會求助，且常常是逃開或製造煙霧彈來掩蓋問題。因此，成為他的教練來協助他處理問題，包含教他遇到問題如何來求助，是在增加他對環境的適應力。

青少年的情緒風暴

孩子，你的情緒我讀懂了

作　　者　莫茲婷
編　　輯　李寶怡
校　　對　李寶怡、徐詩淵、莫茲婷
封面設計　劉錦堂
美術設計　劉庭安

發 行 人　程顯灝
總 編 輯　呂增娣
主　　編　徐詩淵
編　　輯　鍾宜芳、吳雅芳
美術主編　劉錦堂
美術編輯　吳靖玟、劉庭安
行銷總監　呂增慧
資深行銷　謝儀方、吳孟蓉

發 行 部　侯莉莉
財 務 部　許麗娟、陳美齡
印　　務　許丁財
出 版 者　四塊玉文創有限公司

總 代 理　三友圖書有限公司
地　　址　一〇六台北市安和路二段二一三號四樓
電　　話　(02) 2377-4155
傳　　真　(02) 2377-4355
E-mail　service@sanyau.com.tw
郵政劃撥　05844889 三友圖書有限公司

總 經 銷　大和書報圖書股份有限公司
地　　址　新北市新莊區五工五路二號
電　　話　(02) 8990-2588
傳　　真　(02) 2299-7900

製版印刷　卡樂彩色製版印刷有限公司

初　　版　二〇一九年七月
定　　價　新台幣三二〇元
ＩＳＢＮ　978-957-8587-81-6（平裝）

國家圖書館出版品預行編目(CIP)資料

青少年的情緒風暴：孩子，你的情緒我讀懂了
/ 莫茲婷作. -- 初版. -- 臺北市：四塊玉文創,
2019.07
　面；　公分
ISBN 978-957-8587-81-6(平裝)

1.親職教育 2.情緒教育

528.2　　　108009976

SANYAU
http://www.ju-zi.com.tw
三友圖書
友直 友諒 友多聞

讓人生進階的良伴

故事力：TED 專業講者親授，職場簡報、人際溝通無往不利
作者：朱為民、 余懷瑾
定價：320 元
兩位擔任 TED×Taipei 演講者，說過上百場演講，重量級演講者攜手合作，教你學會故事力！

潛意識自癒力：讓催眠心理學帶你創造美好的生活
作者：張義平（幽樹）
定價：350 元
開啟一趟潛意識的旅程，靠自己的力量撫平生命中的挫折與傷痛，迎接美好的未來。

哈佛與 MIT 的 16 堂成長課：從平凡到非凡
作者：梁渶垠
譯者：陳郁昕
定價：350 元
十六位聲望崇高的學者與業界精英的訪談，公開思考方法，及達到成就的法則。

冥想：每天，留 3 分鐘給自己
作者：克里斯多夫 ・ 安德烈（Christophe André）
譯者：彭小芬
定價：340 元
每天 3 分鐘，運用 40 個冥想練習，你會發現，生活將變得更自在開闊了！

給大人心靈照顧首選

心靈過敏：你的痛我懂，讓我們不再孤單地活著
作者：紀雲深
定價：280 元
當你感覺世界上只剩下自己時，還有這本書陪著你，一起找到生命的答案。

氣味情緒：解開情緒壓力的香氛密碼
作者：陳美菁
定價：320 元
陷入低潮時，讓氣味喚醒最深層的記憶，用療癒的香氣，給你最關鍵的救贖。

為什麼我不快樂：讓老子與阿德勒幫我們解決人生問題
作者：嶋田將也
譯者：林依璇
定價：260 元
作者用老子與阿德勒思想，探討心靈、情緒等主題，希望能減少人們的煩惱。

你，其實很好：學會重新愛自己
作者：吳宜蓁
定價：300 元
諮商心理師親授，全面探討你的生活，教你用實際可行的方法，遠離自卑的自己。

地址：　　　縣/市　　　鄉/鎮/市/區　　　路/街

段　　巷　　弄　　號　　樓

廣　告　回　函
台北郵局登記證
台北廣字第2780 號

SANYAU

三友圖書有限公司 收

SANYAU PUBLISHING CO., LTD.

106　台北市安和路2段213號4樓

親愛的讀者：

感謝您購買《青少年的情緒風暴：孩子，你的情緒我讀懂了》一書，為感謝您對本書的支持與愛護，只要填妥本回函，並寄回本社，即可成為三友圖書會員，將定期提供新書資訊及各種優惠給您。

姓名 ______________________ 出生年月日 ______________________

電話 ______________________ E-mail ______________________

通訊地址 ______________________

臉書帳號 ______________________

部落格名稱 ______________________

1 年齡
□18歲以下 □19歲～25歲 □26歲～35歲 □36歲～45歲 □46歲～55歲
□56歲～65歲 □66歲～75歲 □76歲～85歲 □86歲以上

2 職業
□軍公教 □工 □商 □自由業 □服務業 □農林漁牧業 □家管 □學生
□其他 ______________________

3 您從何處購得本書？
□博客來 □金石堂網書 □讀冊 □誠品網書 □其他 ______________________
□實體書店 ______________________

4 您從何處得知本書？
□博客來 □金石堂網書 □讀冊 □誠品網書 □其他 ______________________
□實體書店 __________ □FB（四塊玉文創／橘子文化／食為天文創 三友圖書——微胖男女編輯社）
□好好刊（雙月刊） □朋友推薦 □廣播媒體

5 您購買本書的因素有哪些？（可複選）
□作者 □內容 □圖片 □版面編排 □其他 ______________________

6 您覺得本書的封面設計如何？
□非常滿意 □滿意 □普通 □很差 □其他 ______________________

7 非常感謝您購買此書，您還對哪些主題有興趣？（可複選）
□中西食譜 □點心烘焙 □飲品類 □旅遊 □養生保健 □瘦身美妝 □手作 □寵物
□商業理財 □心靈療癒 □小說 □其他 ______________________

8 您每個月的購書預算為多少金額？
□1,000元以下 □1,001～2,000元 □2,001～3,000元 □3,001～4,000元
□4,001～5,000元 □5,001元以上

9 若出版的書籍搭配贈品活動，您比較喜歡哪一類型的贈品？（可選2種）
□食品調味類 □鍋具類 □家電用品類 □書籍類 □生活用品類 □DIY手作類
□交通票券類 □展演活動票券類 □其他 ______________________

10 您認為本書尚需改進之處？以及對我們的意見？
____

感謝您的填寫，

您寶貴的建議是我們進步的動力！